Leopold von Schroeder

Pythagoras und die Inder

Leopold von Schroeder

Pythagoras und die Inder

ISBN/EAN: 9783743314986

Hergestellt in Europa, USA, Kanada, Australien, Japan

Cover: Foto ©Thomas Meinert / pixelio.de

Manufactured and distributed by brebook publishing software
(www.brebook.com)

Leopold von Schroeder

Pythagoras und die Inder

PYTHAGORAS

UND DIE INDER.

EINE

UNTERSUCHUNG ÜBER HERKUNFT UND ABSTAMMUNG DER PYTHAGOREISCHEN LEHREN

VON

DR. L. v. SCHROEDER,
DOCENT AN DER UNIVERSITÄT DORPAT.

MOTTO:
EX ORIENTE LUX!

LEIPZIG
OTTO SCHULZE
11. Quer-Str. 11.
1884.

Einleitung.

Von einem Gewirr sehr mannigfaltiger, nicht selten sich widersprechender Nachrichten, sagenhafter oder doch halb sagenhafter Erzählungen umgeben, ragt aus jenen Jahrhunderten, wo die griechische Speculation ihre ersten ernstlichen Versuche machte, das Werden der Welt zu erklären, die altehrwürdige Gestalt des Pythagoras hervor, als des Stifters einer Schule, welche tief sittlichen Ernst und das Streben nach würdiger, streng geordneter Lebensführung mit einer originellen Welterklärung und einer ganzen Reihe seltsamer, fremdartiger Welt- und Lebensanschauungen vereinigte. Je höher wir in der Zeit hinaufgehen, um so spärlicher fliessen die Quellen, die uns über das Leben und die Lehre jenes merkwürdigen Mannes Nachricht geben, während spätere Jahrhunderte uns die ausführlichsten Details anzugeben wissen, darunter des Wunderbaren und Unglaublichen nicht wenig —, Grund genug, mit äusserster Vorsicht vorzugehen, um das alt und gut Beglaubigte streng von dem zu unterscheiden, was uns nur ein Jamblich, ein Apollonius von Tyana oder ähnliche Schriftsteller, bewusste und unbewusste Märchenerzähler, berichten. Die Kritik der neueren Zeit hat diese Aufgabe denn auch redlich erfüllt [1]), und nur wenig von alledem,

---

1) Ich habe vor Allem Eduard Zeller im Auge, in seinem berühmten Meisterwerke: „Die Philosophie der Griechen in ihrer geschichtlichen Entwicklung", Th. I, 4. Aufl., p. 254 flg.

was man früher von Pythagoras glaubte und fabelte, als sicher verbürgt und glaubwürdig stehen gelassen. Mag nun aber auch in späterer Zeit noch so viel Neues in das System eingedrungen sein oder in ihm sich entwickelt haben, mag man noch so sehr bemüht gewesen sein, das Leben und Wirken des wunderbaren Mannes mit dem Nimbus sagenhafter Ausschmückungen zu umgeben, dennoch werden wir nicht zweifeln können, dass die Hauptanschauungen, die Grundlagen des Systems der Pythagoreer von dem Stifter der Schule selbst herstammen, und dass auch in dem, was über seinen Lebenslauf berichtet wird, wenigstens einige Hauptzüge auf historische Glaubwürdigkeit Anspruch machen können.

Wir dürfen es als historisch gesichert betrachten, dass Pythagoras im 6. Jahrhundert vor Chr. lebte, dass er aus Samos stammte und später nach Kroton in Unteritalien übersiedelte, wo er einen festgeordneten Kreis von Anhängern und Schülern um sich versammelte; dass er endlich etwa um die Wende des Jahrhunderts gestorben.

Spätere Jahrhunderte wussten von weiten Reisen zu erzählen, die Pythagoras in die verschiedensten Länder ausgeführt haben soll, um die Weisheit fremder Völker kennen zu lernen; sie lassen ihn zu den Aegyptern, Phoeniciern, Chaldäern, den persischen Magiern, zu den Indern, den Arabern, den Juden, ja sogar zu den Thraciern und den gallischen Druiden gelangen, aber keine einzige dieser Fahrten, auch nicht die zu den Aegyptern, ist uns alt und sicher beglaubigt (cf. Zeller, a. a. O. Th. I, 4. Aufl. p. 274 flg.). Dennoch möchte ich entschieden meinen, dass diesen oft wiederholten Erzählungen ein richtiger Kern nicht ganz abgeht, mag derselbe nun in einer unbestimmten Tradition von gewissen Reisen des Pythagoras in fremde Länder bestanden haben, oder auch nur in dem durchaus fremdartigen, unhellenischen Eindruck, den viele der wichtigsten pythagoreischen Gedanken auf die Bewohner Griechenlands und Italiens machten und machen mussten, und der darum die Vermuthung, Pythagoras habe sich dieselben auf fremdem Boden angeeignet, unwillkührlich nahelegte. Zu dieser Annahme stimmt auch das gewichtige Urtheil des Heraklit, der ja keineswegs günstig, sondern recht geringschätzig von Pythagoras redet, ihn aber einen Mann nennt, der mehr als alle Andern sich durch die Sucht, Kenntnisse zu sammeln, ausgezeichnet habe. Er hält ihn für keinen irgend originellen oder gar bedeutenden Denker, spricht geradezu von des Pythagoras *κακοτεχνίη*, hebt aber seine *ἱστορίη* und *πολυμαθηΐη* als charakteristisch hervor.[1]) Ist damit auch über etwelche Reisen des Pythagoras nichts ausgesagt, so würde doch dies ausgeprägte Streben, die Weisheit Anderer sich anzueignen, trefflich zu dem Bilde eines lernbegierig in fremde Länder ziehenden Pythagoras passen. Immerhin aber werden wir zugeben müssen, dass solche Reisen nur dann mit Bestimmtheit behauptet werden dürfen, wenn eine innere Wahrscheinlichkeit in den Lehren des Pythagoras dafür spricht, wenn diese Lehren selbst deutlich auf ein fremdes Gebiet als ihre Heimath hinweisen.

Ein solches ist nun aber in der That bisher noch nicht gefunden.

Ob die Ansicht von Gladisch,[2]) die pythagoreische Weltanschauung stamme aus China, sei von chinesischen Ideen abgeleitet, heutzutage irgend welche Vertheidiger finden dürfte, weiss ich nicht, möchte es aber doch be-

1) Fr. 22 b. Diog. VIII, 6: *Πυθαγόρης Μνησάρχου ἱστορίην ἤσκησεν ἀνθρώπων μάλιστα πάντων, καὶ ἐκλεξάμενος ταύτας τὰς συγγραφὰς ἐποίησεν ἑωυτοῦ σοφίην, πολυμαθηΐην, κακοτεχνίην.* Vgl. Zeller I, 4. Aufl., p. 283. 443. 449.

2) Gladisch, Einleitung in das Verständniss der Weltgeschichte, 1841. 1844; die Religion und die Philosophie in ihrer weltgeschichtlichen Entwicklung 1852; u. a. m. Vgl. Zeller a. a. O. I, 4. Aufl., p. 27 flg.

zweifeln. Weit näher lag es schon, mit Röth[1]) auf Aegypten zurückzugehen. Aber auch diese Herleitung steht auf schwachen Füssen, und Zeller's Versuch, die Welt- und Lebensanschauungen des Pythagoras ganz auf hellenischem Boden erwachsen zu lassen, sie „aus der Eigenthümlichkeit und den Bildungszuständen des griechischen Volks im sechsten Jahrhundert vollständig zu begreifen",[2]) muss unter solchen Umständen durchaus als berechtigt erscheinen. Ob ihm freilich dieser Versuch gelungen, ist eine andere Frage, welche ich für mein Theil nicht mit Ja beantworten kann.

Prüfen wir nun im Einzelnen die Lehren und Meinungen des Pythagoras und suchen wir aus ihnen heraus Licht zu gewinnen für die Frage nach ihrem muthmasslichen Ursprung.

1) Röth, Geschichte uns. abendländ. Philos. I, 74 flg., 228 flg., 459 flg. Vgl. Zeller a. a. O. — Ebenso Chaignet, Pythagore I, 43 flg. II, 353. Dazu vgl. Zeller a. a. O. p. 278, Anm. 1.

2) Zeller a. a. O. Th. I. 4. Aufl., p. 448.

Cap. I.

Die Lehre von der Seelenwanderung.

„Keine andere von den pythagoreischen Lehren ist bekannter und keine lässt sich mit grösserer Sicherheit auf den Stifter der Schule zurückführen, als die Lehre von der Seelenwanderung. Schon Xenophanes, später Jo aus Chios, berührt sie, Philolaus trägt sie vor, Aristoteles bezeichnet sie als pythagoreische Fabel, und Plato hat seine mythischen Darstellungen über den Zustand nach dem Tode unverkennbar den Pythagoreern nachgebildet“.[1]) Es ist darum billig, dass wir mit der Betrachtung gerade dieser Lehre beginnen.

Der Glaube an eine Wanderung unsrer Seelen durch viele irdische Leiber ist mit der Person des Pythagoras untrennbar verbunden. Er hat diesen Glauben unzweifelhaft verkündet, und zwar nicht etwa als eine nebensächliche, originelle Idee oder Vermuthung; es muss ihm vielmehr ernst damit gewesen, er muss von solchem Glauben ganz durchdrungen gewesen sein und sich eifrig und mit Erfolg bemüht haben, seinen Schülern ebendieselbe Ueberzeugung einzuflössen. Wo aber hatte er diesen Glauben her? denn dass er selbst, ein einzelner Mann, diese Idee,

---

1) So Zeller, zu Beginn des Abschnittes über „die religiösen und ethischen Lehren der Pythagoreer“, a. a. O. Th. I, 4. Aufl., p. 418. — Derselbe nennt an einer andern Stelle (a. a. O. p. 301) die Seelenwanderungslehre geradezu „die einzige mit völliger Sicherheit auf Pythagoras selbst zurückzuführende Lehre“.

die so fremdartig in die hellenische Culturwelt hineintritt, ersonnen und in sich bis zur Macht einer religiösen Ueberzeugung habe anwachsen lassen, wird wohl Wenigen glaublich erscheinen.

Zeller hält es für wahrscheinlich, dass die Lehre von der Seelenwanderung schon vor Pythagoras in Griechenland Anhänger gehabt habe; diese Annahme scheint mir indessen nur sehr ungenügend begründet zu sein. Dass schon Pherecydes, der angebliche Lehrer des Pythagoras, die Seelenwanderung gelehrt habe, ist, wie Zeller selbst zugesteht, „durch das Zeugniss eines Cicero und anderer späterer Gewährsmänner, bei dem Schweigen der älteren, nicht bewiesen“ (cf. Zeller, a. a. O. I, 4. Aufl., p. 55); es ist aber gewiss zu viel behauptet, wenn Zeller sagt, dass dem Pherecydes doch auch „mittelbar von allen, die ihn zum Lehrer des Pythagoras machen, schon vor diesem Philosophen das Dogma von der Seelenwanderung beigelegt“ werde (a. a. O. p. 57). Das kann nicht zugegeben werden, denn der lernbegierige Pythagoras braucht doch keineswegs bloss des Pherecydes Unterricht genossen zu haben; vielmehr spricht ja Alles dafür, dass er die Weisheit mehr als eines Mannes in sich aufgenommen, ehe er mit seinem eigenen Denken und Glauben zum festen Abschluss kam. Wohl aber konnte bei so späten Gewährsmännern wie Cicero u. a. leicht die Voraussetzung entstehen, auch Pherecydes, der Lehrer des Pythagoras, habe bereits an die Seelenwanderung geglaubt.

Wenn uns endlich Zeller auf die orphischen und bakchischen Mysterien verweist (p. 53. 57), in denen seiner Meinung nach schon vor Pythagoras die Seelenwanderung gelehrt worden sein dürfte, so sind wir damit an eine sehr dunkle Grösse gewiesen, und das zur Beglaubigung (p. 56 u. 57) Angeführte ist wenig beweisend.

Wenn Philolaus sich für den Satz, dass die Seele zur Strafe an den Körper gefesselt und gleichsam darin begraben sei, ausdrücklich auf „die alten Theologen und

Wahrsager" (a. a. O. p. 56) beruft, so können damit ebenso Weise des Orients, können Aegypter, Inder u. dgl. gemeint sein, und bezeugt dieser Satz uns wesentlich nur das, was wir schon oben behauptet, dass nicht Pythagoras selbst die Idee der Seelenwanderung ersonnen; und wenn Plato „denselben Satz aus den Mysterien, und näher von den Orphikern" herleitet (p. 56), so ist auch das noch nicht beweisend, da ja durchaus die Möglichkeit vorliegt, dass diese Lehre von Pythagoras und den Pythagoreern in die orphischen Mysterien drang, wie Zeller (p. 57) auch selbst zugesteht, da der Pythagoreismus „schon frühe mit den orphischen Kulten in Verbindung gestanden haben muss".[1]) Wenn endlich Pindar von der Seelenwanderungslehre weiss und den Gedanken in etwas modificirter Form vorführt, so braucht er nicht aus der bakchischen und orphischen Religion in Theben geschöpft zu haben, wie Zeller (p. 57) vermuthet. Pindar, i. J. 521 vor Chr. geboren, war ein erwachsener Mann erst dann, als des Pythagoras Leben und Wirken schon sein Ende erreicht hatte. Wenn nun Heraklit von des Pythagoras Lehren wie von einer in Jonien allbekannten Sache redet (Zeller p. 283), so konnte eine Kunde davon zu jener Zeit sehr wohl auch bis nach Theben gedrungen sein.[2]) Sehr genau braucht dieselbe nicht gewesen zu sein, vielmehr können wir nach der Art wie Pindar[3]) den Gedanken behandelt, nach der

1) S. ebenda Anm. 1 auch die Notiz über orphische Schriften, die von Pythagoreern untergeschoben sein sollen.

2) Wenn Heraklit selbst, wie Zeller p. 56 sagt, die Seelenwanderungslehre deutlich voraussetzt, so kann uns das nach dem Angeführten am wenigsten wunder nehmen.

3) „Pindar spricht die Vorstellung aus, einzelnen Lieblingen der Götter werde die Rückkehr auf die Oberwelt gestattet, und solche, die dreimal ein schuldloses Leben geführt haben, werden auf die Inseln der Seligen in's Reich des Kronos versetzt werden". Diese Darstellung „lässt uns nun freilich jedenfalls eine Umbildung der Lehre von der Seelenwanderung erkennen, denn während die Rückkehr in's Körperleben sonst immer als eine Strafe und ein

Freiheit zu schliessen, mit der er ihn gestaltet, wohl nur eine allgemeine, mehr oberflächliche Kenntniss desselben bei ihm voraussetzen.

Wir müssen es darnach für ganz unerwiesen erklären, dass die Seelenwanderungslehre schon vor Pythagoras in Griechenland bekannt gewesen oder irgend welche Anhänger gehabt habe. Pythagoras aber lehrte sie unzweifelhaft, und wir müssen darum, eh nicht andere Beweise beigebracht sind, ihn für den Ersten halten, der diese Lehre in Griechenland und Italien verkündete.[1])

Die seltsame Lehre von einer Wanderung der Seele durch eine ganze Reihe irdischer Leiber tritt als ein Novum, etwas völlig Fremdes in die griechisch-italische Welt hinein, und es ist unmöglich, ihr Entstehen aus den Bildungszuständen, den Gedankenkreisen der Griechen vor Pythagoras nur annähernd befriedigend zu erklären. Es fehlen hier, so weit wir bisher wissen, so gut wie alle Voraussetzungen, welche die Entstehung eines solchen Glaubens wahrscheinlich machen könnten.[2]) Es ist darum sehr natürlich und durchaus gerechtfertigt, dass von Herodot an, der den Aegyptern die Ehre der Erfindung giebt,

---

Besserungsmittel betrachtet wird, so erscheint sie bei Pindar als ein Vorzug, der nur den Besten zu Theil wird, und der ihnen Gelegenheit giebt, statt der geringeren Seligkeit im Hades die höhere auf den Inseln der Seligen sich zu erwerben". Zeller a. a. O. p. 56. 57. Es ist dies eine ächt hellenische Umbildung des, bei Pythagoras ganz indisches Gepräge tragenden Gedankens.

1) Manche der Alten nennen übrigens Pythagoras ganz direct als denjenigen, der zuerst die Seelenwanderung gelehrt habe. Diog. L. VIII, 14 *πρῶτον τοῦτον (Πυθαγόραν) ἀποφῆναι τὴν ψυχὴν κύκλον ἀνάγκης ἀμείβουσαν ἄλλοτε ἄλλοις ἐνδεῖσθαι ζώοις.* Vgl. IV, 95. (cf. Stein's Ausgabe des Herodot, Anmerkung zu II, 123).

2) Wäre das nicht der Fall, so würde ich die Möglichkeit, dass sich diese Lehre selbständig bei den Griechen, und also bei verschiedenen Völkern ganz unabhängig hätte entwickeln können, nicht unbedingt in Abrede stellen. Aber eine historische Wahrscheinlichkeit muss dafür denn doch zuerst aufgezeigt werden. (Zeller a. a. O. p. 58. 59.)

bis auf die neueste Zeit die Forscher den Ursprung des Seelenwanderungsglaubens bei andern Völkern, vor Allem bei den Orientalen gesucht haben. Selbst Zeller sagt a. a. O. p. 58: „Es ist möglich, dass Herodot im Allgemeinen das Richtige getroffen hat, und der Glaube an eine Seelenwanderung wirklich aus Aegypten, sei es unmittelbar oder durch gewisse nicht näher nachweisbare Zwischenglieder nach Griechenland verpflanzt wurde." [1]) — „Man könnte aber auch annehmen, jener Glaube, dessen Verwandtschaft mit indischen und aegyptischen Lehren allerdings auf orientalischen Ursprung hinweist, sei schon in der Urzeit des griechischen Volkes mit ihm selbst eingewandert, anfangs jedoch auf einen engeren Kreis beschränkt gewesen, und erst später zu grösserer Bedeutung und Verbreitung gelangt; und für diese Vorstellung von der Sache könnte man anführen, dass sich ähnliche Vorstellungen auch bei solchen Völkern gefunden haben sollen, bei denen sich an aegyptische Einflüsse nicht denken lässt." — Diese letztere Vermuthung steht aber doch auf recht unsichern Füssen. Die älteste Periode griechischer Kultur weiss nichts von einem Seelenwanderungsglauben, und auch die ältesten Denkmäler der indischen Literatur, die in culturgeschichtlicher Hinsicht so reichen und vollständigen Hymnen des Rigveda, kennen keine Seelenwanderung. Auf den noch dazu ganz problematischen, oder richtiger gesagt, absolut nicht nachgewiesenen Seelenwanderungsglauben der Geten und anderer Thracier [2]), sowie auf das, was Caesar und Diodor über die Seelenwanderung bei den Galliern berichten [3]), lässt sich aber

---

1) Zeller meint, der Zeitpunkt dieser Verpflanzung hätte etwa das 7. Jahrhundert vor Chr. sein können. Dass wir dies nicht für wahrscheinlich halten können, geht zur Genüge aus dem früher Gesagten hervor.

2) Vgl. dazu Zeller, a. a. O. p. 58, Anm. 1.

3) Vgl. Zeller, a. a. O. p. 58. 59 Anm. — Vgl. auch unten p. 22 Anm.

eine so weit greifende Annahme jedenfalls nicht aufbauen. Es ist uns aber von Werth, dass, wie die angeführten Worte beweisen, auch Zeller orientalischen Ursprung dieser Lehre für wahrscheinlich hält.

Dasjenige Land, welches man seit Alters, von Herodot an und im Anschluss an ihn bis auf die neueste Zeit für die Heimath, das Ursprungsgebiet des griechischen Seelenwanderungsglaubens anzusehen gewohnt gewesen, ist bekanntlich Aegypten. Jene wichtige Stelle, in welcher der Vater der Geschichte die Aegypter für die Ersten erklärt, welche die Unsterblichkeit der Seele und die Seelenwanderung gelehrt hätten, findet sich Hdt. II, 123: *πρῶτοι δὲ καὶ τόνδε τὸν λόγον Αἰγύπτιοί εἰσι οἱ εἰπόντες, ὡς ἀνθρώπου ψυχὴ ἀθάνατός ἐστι, τοῦ σώματος δὲ καταφθίνοντος ἐς ἄλλο ζῷον αἰεὶ γινόμενον ἐσδύεται, ἐπεὰν δὲ πάντα περιέλθῃ τὰ χερσαῖα καὶ τὰ θαλάσσια καὶ τὰ πετεινά, αὖτις ἐς ἀνθρώπου σῶμα γινόμενον ἐσδύνει, τὴν περιήλυσιν δὲ αὐτῇ γίνεσθαι ἐν τρισχιλίοισι ἔτεσι. τούτῳ τῷ λόγῳ εἰσὶ οἳ Ἑλλήνων ἐχρήσαντο, οἱ μὲν πρότερον οἱ δὲ ὕστερον, ὡς ἰδίῳ ἑωυτῶν ἐόντι. τῶν ἐγὼ εἰδὼς τὰ οὐνόματα οὐ γράφω.* „Auch diesen Gedanken haben die Aegypter zuerst ausgesprochen, dass des Menschen Seele unsterblich sei, dass sie aber, wenn der Körper vergeht, immer in ein anderes lebendes Wesen, das gerade entsteht, eingehe, und dass sie, wenn sie alle, die Thiere des Festlandes, des Meeres und die Vögel durchwandert, wieder in eines Menschen Körper, der gerade entsteht, eingehe, dass sie aber diesen Umlauf in 3000 Jahren vollführe. Auch manche Hellenen haben sich dieses Gedankens bedient, sowohl früher als auch später, als wenn derselbe ihr eigener wäre. Ich kenne ihre Namen wohl, verzeichne sie aber nicht."

Es geht aus dieser Stelle klar hervor, dass Herodot den Aegyptern den Glauben an eine Seelenwanderung zuschreibt und dass er der Meinung ist, gewisse Hellenen hätten denselben von dort entlehnt. Unter diesen Hellenen, deren Namen er nicht nennt, sind wohl in erster Linie Pythagoras und Empedokles, sowie die Orphiker gemeint. Es ist aber, wie Zeller (a. a. O. p. 36. 37) treffend bemerkt, offenbar nur Herodot's eigene Vermuthung, dass die Lehre von der Seelenwanderung aus Aegypten stamme. Ja die Wendung „ὡς ἰδίῳ ἑωυτῶν ἐόντι“ macht es ganz deutlich, dass die hellenischen Anhänger der Metempsychose von solch aegyptischem Ursprung ihrer Lehre nichts verlautbart haben, vielmehr dieselbe als ihre eigene verkündeten. Sollten aber — was aus der Stelle übrigens noch durchaus nicht hervorgeht — die Aegypter dem Herodot gegenüber etwas derartiges behauptet haben, so würde auch darauf nicht viel Gewicht zu legen sein, da es bekannt ist, wie sie auch sonst mit ähnlichen Anmassungen den Griechen irre führten.

Wie steht es nun aber überhaupt mit jenem angeblichen Seelenwanderungsglauben der Aegypter? Man hat denselben, auf das Zeugniss des Herodot gestützt, bis in die Gegenwart stillschweigend vorausgesetzt. Erst die neuere Zeit, erst das 19. Jahrhundert hat uns durch die so rasch und glücklich aufgeblühte Wissenschaft der Aegyptologie in den Stand gesetzt, die Aegypter selbst, ihre Denkmäler, ihre Inschriften und Papyrus zu befragen. Und hier tritt nun ein überraschendes Resultat zu Tage: die aegyptischen Denkmäler, so viel sie auch mit Tod und Sterben sich beschäftigen, legen doch keinerlei deutliches Zeugniss dafür ab, dass die Aegypter an eine Seelenwanderung glaubten.

Der Erste, bei dem mir klar und entschieden die Behauptung entgegengetreten ist, dass den Aegyptern die Idee der Seelenwanderung ganz abzusprechen sei, war der französische Gelehrte Tannery in seiner Abhandlung „Thalès et ses emprunts à l'Egypte,“[1]) p. 318

---

1) Revue philosophique, dirigée par Th. Ribot. Cinquième année (Janvier à Juin 1880). Paris 1880. — S. auch die

mit der kurzen Bemerkung: „la métempsycose n'est en rien une idée égyptienne“ [1]).

Diese kategorisch aufgestellte Behauptung veranlasste mich, da ich selbst mit der Aegyptologie nicht vertraut bin, mehrere Kenner derselben über diesen Punkt zu Rathe zu ziehen. Es ist mir durchgängig die Antwort zu Theil geworden, dass sich aus den Denkmälern Aegyptens in der That der Nachweis nicht liefern lasse, die Aegypter hätten an eine Seelenwanderung geglaubt.

Wie aber können wir es uns denken, dass ein Volk, bei welchem die Vorstellungen von Tod und Sterben eine so hervorragende Rolle spielten, bei dem so viele Denkmäler gerade diesem Gegenstande gewidmet sind, an die Metempsychose glaubte, ohne dass diese Denkmäler davon irgend deutliches Zeugniss ablegten? Man müsste im Gegentheil erwarten, dass uns solches Zeugniss auf Schritt und Tritt in diesen Denkmälern entgegenträte, — und das ist nun so gar nicht der Fall!

Indessen hat die Aegyptologie dem Zeugniss des Herodot bisher noch nicht entschieden genug widersprochen. An jener, durch die Jahrhunderte fortgeerbten und festgewurzelten Voraussetzung festhaltend, bemühte man sich, bald hier bald dort in den aegyptischen Denkmälern etwas von Metempsychose zu finden, aber dem

---

Recension von Teichmüller, Gött. Gel. Anz. 1880, Stück 34, p. 1069. 1070. — Man vgl. übrigens weiter unten p. 19 Anm. das Urtheil Maspero's aus dem Jahre 1872.

1) Wenn uns aber Tannery dafür auf den angeblichen Seelenwanderungsglauben der Geten und Kimmerier verweist, so werden wir ihm darin nicht folgen können. (Vgl. oben p. 9; Zeller a. a. O. p. 58, Anm. 1). — Tannery sagt a. a. O. p. 318, Anm. 2: „Si l'on veut attribuer une origine barbare au dogme pythagoricien, il faut la chercher au nord de la Thrace, chez les Gètes (en retournant les dires d'Hérodote sur Zamolxis, qui est un dieu solaire), ou chez les Cimmériens (la transmigration des âmes étant un dogme constant de la religion des Kimris).“

vorurtheilslosen Beurtheiler dürfte dies schwerlich überzeugend erscheinen.

Ein trefflicher Kenner der Aegyptologie, Ludwig Stern, hat der Seelenwanderung der Aegypter einen besonderen, manches Interessante bietenden Aufsatz gewidmet.[1]) Er bespricht und erläutert in demselben vorzüglich zwei altaegyptische Denkmäler, in denen der Glaube der Aegypter an eine Seelenwanderung zu Tage treten soll. Nach meinem Ermessen zeigt aber die Anführung dieser Denkmäler vielmehr, wie wenig Stichhaltiges sich für die Seelenwanderung der Aegypter beibringen lässt.

Das erste dieser Denkmäler ist der Papyrus d'Orbiney, geschrieben für den Pharao, der die Kinder Israel nicht ziehen lassen wollte, und enthaltend das durch Professor Brugsch in Deutschland bekannt gemachte Märchen „von den beiden Brüdern", welches aber Stern lieber „die Seelenwanderung des Batau" nennen möchte (a. a. O. p. 607).[2])

Es ist eine seltsam phantastische Märchengeschichte, deren Inhalt ganz kurz gefasst etwa folgender ist: Anepu und Batau waren zwei Brüder. Das Weib des Anepu suchte den Batau zu verführen, aber ohne Erfolg. Voll Zorn verläumdet sie ihn bei Anepu; dieser verfolgt den Batau, wird aber nachher von seiner Unschuld überzeugt. Batau sagt dem Bruder, er wolle in's „Thal der Cedern" gehen. Sein Herz will er auf den Gipfel eines Cedernbaumes legen. Wird die Ceder gefällt, so muss er sterben. Er zieht auch wirklich hin und legt sein Herz auf den Gipfel des Cedernbaumes. Dort lebt er mit einem wunderbar schönen Weibe glücklich zusammen. Dieses Weib

1) „Ueber die Seelenwanderung der Aegypter", im Ausland. 1870. Nr. 26, p. 606—611.

2) Auch Teichmüller sagt a. a. O. p. 1069, „der uralte aegyptische Mythus von Anepu und Batau" wäre „eine Seelenwanderungsgeschichte märchenhafter Art".

gewinnt der Pharao durch Kleinodien. Die Treulose wird Königin und lässt nun jene Ceder im Thale fällen. Batau stirbt. Anepu aber sucht nun vier Jahre nach dem Herzen des Bruders, findet es endlich in einer Bohne und belebt nun den Leichnam des Batau wieder. Batau verwandelt sich nun in einen Stier, der von Anepu nach Aegypten geführt und im Lande verehrt wird. Nachdem der Stier sich der Königin zu erkennen gegeben, setzt diese es durch, dass er getödtet wird, aber zwei Blutstropfen fallen zur Erde, und auf der Stelle wachsen zwei Persea-Bäume empor, in denen die Seele des Batau wohnt. Auch aus ihnen tönt in das Gewissen der bösen Frau: Ich bin Batau, ich lebe noch! Also lässt sie die Bäume abhacken, und indem sie dabei steht, fliegt ihr ein Splitter in den Mund. Sie wird schwanger und gebärt einen Sohn, und dieser Prinz wird hernach König von Aegypten. Vor seinem Ende erzählt er die Abenteuer seines Lebens und danach fliegt seine Seele zum Himmel. [1])

Das ist nun freilich ein sehr merkwürdiges altes Märchen, voll wunderbarer Verwandlungen, aber den Glauben an Metempsychose vermag ich nicht darin zu entdecken. Dann müsste es auch Metempsychose sein, wenn Daphne, vor Apoll fliehend, sich in einen Lorbeerbaum verwandelt; wenn Zeus, um Europa zu entführen, zum Stiere wird; oder gar wenn Proteus mit grösster Schnelligkeit eine Gestalt, einen Körper nach dem andern annimmt, u. dergl. m. Das sind märchenhafte Verwandlungen, aber keine Seelenwanderung.

---

1) Vgl. Stern, a. a. O. p. 607. 608. — Die beste Uebersetzung dieses Märchens ist, wie mir Dr. O. v. Lemm freundlichst mittheilt, die von Maspero, in der Revue archéol. 1878. N. S. Band 37; und in Maspero, Les contes populaires de l'Égypte ancienne traduits et commentés. Paris 1882. — Les littératures populaires de toutes les nations. Tome IV. — Vgl. ferner Husson, la chaine traditionelle, contes et légendes au point de vue mythique. Paris 1874. p. 78—102.

Das zweite, von Stern angeführte, Denkmal ist das, ebenfalls auf einem Papyrus erhaltene sogen. „Schai en sinsin“, was Brugsch geradezu als Buch der Metempsychose übersetzte. Stern weist darauf hin, dass das Wort sinsin durch ein Segel bezeichnet sei, was wohl symbolisch den Hauch des Lebens bedeute, und übersetzt Schai en sinsin durch „das Buch des Lebens“. „Es ist — sagt er a. a. O. p. 608 — ein kleines Todtenbuch nach Inhalt und Zweck, ganz im Tone des grossen, theilweise ihm sogar entlehnt und den Verstorbenen auf der letzten Reise „als Pass“, wie sich Lepsius einmal treffend ausdrückt, mitgegeben.“ „Der Pantheismus ist die Grundlage, auf der sich das Labyrinth der aegyptischen Theologie erhebt; der Pantheismus ist die waltende Grundidee des Todtenbuches. Der Verstorbene ist Osiris und erklärt sich selbst als solcher für den alleinigen, höchsten und ewigen Gott, der vor aller Zeit als Gott der Urmaterie Tum, der Verborgene, heisst, derselbe der, als Sonnengott Ra, die geordnete Lichtwelt beherrscht, und in allen Göttern und gerecht lebenden Menschen sich selbst manifestirt als in seinen Gliedern, deren jedes nur ein anderer Name für ihn selbst ist „„und deren jedes am Ende seiner irdischen Laufbahn wie der Sonnenball allabendlich sich seiner sichtbaren Form wieder entäussert und zu ihm dem allen Formen innewohnenden Urgeiste zurückkehrt.““ In diese Worte fasst Professor Lepsius, Aelteste Texte des Todtenbuches S. 53, die Grundanschauungen der aegyptischen Religion zusammen.“ [1])

In dem ganzen Schai en sinsin, dessen 14 Abschnitte Stern in Uebersetzung mittheilt, finde ich nirgends den Seelenwanderungsglauben ausgesprochen. Es liegt dem Ganzen eine phantastisch-pantheistische Anschauung zu Grunde, und ein paar Wendungen — es sind deren nur sehr wenige — könnte man im Sinne der Metempsychose zu deuten versuchen, aber ein unbefangener

1) Stern, a. a. O. p. 608.

Beurtheiler wird sie schwerlich in diesem Sinne auffassen. Ganz treffend charakterisirt Stern selbst (p. 609) das Schai en sinsin: „Das Buch handelt von der Seele, die gerechtfertigt und von allem Schmutz des Erdenlebens gereinigt zu der ewigen Freude der Götternähe kommt und in ihr ewig verbleibt; diese Seele kann noch Formen annehmen, aber sie ist nicht an niedere Thierkörper gebunden, sondern sie wählt die Gestalten, welche sie will. Es ist das Buch der geistigen Wiedergeburt, das Buch des ewigen Lebens."

Ich vermag die das Ganze beherrschende und durch dasselbe sich hindurchziehende Vorstellungsweise nicht besser zu charakterisiren als durch das Wort „phantastisch-pantheistisch."

Der Verstorbene wird mit dem Gott Osiris selbst identificirt und mit diesem Namen angeredet. Immer wieder und wieder wird der Gedanke variirt, dass die Seele des Todten eintritt in das Jenseits, um dort in seligem Vereine mit den Göttern selbst vergöttlicht ewig zu leben. So heisst es z. B.:

§ 3. „O Osiris Harsiesis! Du trittst ein in's Todtenreich in grosser Reinheit, es reinigten dich die beiden Göttinnen der Wahrheit in der grossen Halle, Läuterung geschah dir in der Halle, Seb reinigte deine Glieder in der Halle der Verklärten. Du schaust Ra sich mit Atum verbinden gegen Abend, Amon ist bei dir, Athem verleihend, Phtha bildet deine Glieder, und du betrittst den Sonnenberg mit Ra; man empfängt deine Seele in der Barke des Ra sammt Osiris; vergöttlicht ist deine Seele im Hause des Seb; so bist du selig für immer und ewig."

§ 6. „Horus, der Rächer seines Vaters, schützt deinen Leib, er vergöttlicht deine Seele bei allen Göttern, die Seele des Ra belebt deine Seele, die Seele des Schu dringt in die Nüstern deiner Nase."

§ 8. „O Osiris Harsiesis! Es kommen zu dir die Götter des Südens und Nordens; du bist gestaltet, bis Myriaden von Jahren sich erfüllen; es lebt deine Seele, du dienst dem Osiris, du athmest in Roset, du wirst behütet und bedeckt vom Herrn der Unterwelt sammt dem grossen Gotte, dein Körper lebt in Dedu Nefur, deine Seele lebt im Himmel alltäglich."

§ 10. „O Osiris Harsiesis! Es lebt deine Seele vom Buche des Lebens, du vollendest dich durch das Buch des Lebens, du trittst ein in das Todtenreich; dort giebt es keine Feinde für dich, du bist wie eine Götterseele in Busiris, dein Herz ist ohne Furcht, und deine Augen geöffnet alltäglich."

§ 11. — „Es sprechen die Götter im Hause des unterirdischen Osiris: dem Osiris Harsiesis werden geöffnet die Thore des Todtenreichs, aufgenommen auch im Hades lebe seine Seele für ewig! Er baue sich einen Pylon im Hades, er preise seine Person, sein Grab, er empfange für sich das Buch des Lebens, und er athme!" u. s. w. Endlich am Schluss des Ganzen: „Für ihn ist gemacht diese Rolle: „„Das Buch des Lebens mit den Seelen der Götter für immer und ewig.""

Daneben finden wir folgende Wendungen:

§ 5. „Du erneuest deine Gestalt auf der Erde zum Leben, du bist vergöttlicht mit den Seelen der Götter, dein Herz ist das Herz des Ra, deine Glieder sind die Glieder des grossen Horus, du lebst für immer und ewig."

Oder § 6. — „Du gehst täglich zur Erde hervor, das Buch des Lebens ist dein Talisman; du athmest dadurch, es schauen deine Augen die Strahlen des Sonnendiscus, dein sind Worte der Wahrheit vor Osiris, die Schriften der Rechtfertigung sind auf deinen Lippen" u. s. w.

Oder § 7. „O Osiris Harsiesis! Es athmet deine Seele an jedem Orte, den du erwählst. Du bist auf dem Sitze des unterirdischen Osiris" u. s. w.

Oder endlich § 14. „Möge er leben, möge seine Seele leben, aufgenommen an jedem Orte, den sie erwählt. Empfange er sein Buch des Lebens, möge er athmen mit dieser seiner Seele im Todtenreich und sich in alle Formen gestalten, da er sein Herz in die Amenthes gab. Möge seine Seele kommen zu jedem Orte nach ihrem Willen, belebt auf der Erde für immer und ewig, ewig!"

Aber kann man wohl aus diesen Wendungen auf einen Glauben an Metempsychose schliessen? Kann man sich denken, dass die Seele des Todten durch weitere irdische Leiber wandert, die Seele, von der es doch hiess (§ 8): „sie lebt im Himmel alltäglich"? Wenn es § 5 heisst: „Du erneuest deine Gestalt auf der Erde zum Leben," so heisst es auch in einem Athemzug weiter: „du bist vergöttlicht mit den Seelen der Götter, dein Herz ist das Herz des Ra" u. s. w.

Die Darstellung vom Weiterleben der Seele im Schai en sinsin ist meiner Ansicht nach mit dem Glauben an eine Wanderung der individuellen Seele durch weitere irdische Existenzen ganz unvereinbar. Alles aber erklärt sich vom phantastisch-pantheistischen Gesichtspunkte aus. Die Seele vereinigt sich für immer und ewig mit dem Gotte des immer neu sich verjüngenden Lebens, mit Osiris, mit den Seelen der Götter; und von dieser Anschauung aus kann dann weiter wohl gesagt werden, sie lebe im Himmel und auf Erden, an jedem Orte, den sie erwählt, in allen Formen, die sie will u. dergl. m. Ein Seelenwanderungsglaube ist darin nicht enthalten.[1] [2]

1) Diejenigen Leser, welche argwöhnen, dass ich etwa entscheidende Stellen des Schai en sinsin übergangen oder übersehen haben dürfte, bitte ich, das ganze Buch in der Stern'schen Uebersetzung, Ausland 1870. No. 26. p. 609 flg., durchzugehen. Sie werden sich dadurch den richtigen Gesammteindruck verschaffen, wie auch alles Einzelne prüfen können.

2) Nach Ausarbeitung der vorliegenden Schrift erhielt ich von Herrn Dr. O. v. Lemm in Petersburg brieflich sein Urtheil über die eben behandelte Frage und erlaube mir, dasselbe wie folgt mitzutheilen: „An eine Seelenwanderung im pythagoreischen Sinne, wie dieselbe in Ovid, Metam. XV, geschildert wird, glaubten die Aegypter entschieden nicht. Vielmehr ist die Ansicht, dass die alten Aegypter an eine Seelenwanderung geglaubt hätten, durch

Endlich scheint mir auch die ehrfurchtsvolle Scheu, mit der die Aegypter die Leiber der Todten behandelten,

---

das Missverständniss einer anderen altaegyptischen Lehre entstanden. Nach dem Todtenbuche (Capp. 76—88) konnte der Verstorbene verschiedene Gestalten annehmen, und zwar „welche er wollte"; er konnte die Gestalt eines goldenen Sperbers, eines heiligen Sperbers, einer Lotusblume, eines Phönix, eines Reihers, einer Schwalbe, einer Schlange, eines Krokodils und andere annehmen; doch will das keineswegs sagen, dass die Seele des Verstorbenen in die Leiber dieser Thiere überging. Ich lasse hier die Erklärung Maspero's folgen (Revue critique — 30. Nov. 1872. p. 340): „l'assomption de ces formes ne marque nullement le passage de l'âme humaine dans un corps de bête. Chacune des figures que revêtait l'Esprit était une des figures symboliques de la Divinité, l'entrée de l'âme dans ces figures ne marquait donc en fait que l'assimilation de l'âme humaine au type divin qu'elle représentait. Les étrangers et même les rédacteurs des livres hermétiques s'y laissèrent tromper." Vgl. Husson, la chaine traditionelle, contes et légendes au point de vue mythique. Paris 1874, p. 97. Brugsch, die Capitel der Verwandlungen im Todtenbuch 76—88 in der Zeitschrift für Aegypt. Sprache und Alterthumskunde, Jahrg. 1867. S. 21 flg. — „Wenn im Märchen von den zwei Brüdern der jüngere Bruder die Gestalt eines Stieres annimmt, so heisst das, dass er zum Osiris wird." — Weiter war Herr Dr. v. Lemm so freundlich, mir die folgende Stelle mitzutheilen aus Le Page Renouf, Vorlesungen über Ursprung und Entwickelung der Religion der Alten Aegypter. Leipzig, Hinrichs. 1880. p. 170 flg. „Umwandlung". „Der glückliche Todte ist keineswegs an diesen Ort (das Gefilde Aarru) und auch nicht an die menschliche Gestalt oder irdische Lebensweise gebunden, denn er kann im ganzen Weltall in jeder beliebigen Gestalt umherstreifen. Dies erfahren wir zu wiederholten Malen aus dem Todtenbuche und zwölf Capitel bestehen aus Formeln, mittels deren bestimmte Umwandlungen zu bewirken waren. Die Gestalten, die, wie wir hier hören, angenommen werden sollten, waren die der Turteltaube, der Schlange Sata, des Vogels, den man Bennu nannte, und von dem oft (wie ich glaube grundlos) geglaubt wird, er habe zu der Geschichte des Phönix Anlass gegeben, die des Krokodils Sebek, des Gottes Ptah, eines goldenen Falken, des ersten unter den Hauptgöttern, einer Seele, einer Lotusblume und eines Reihers. Brugsch fand ein Monument, demzufolge diese Umwandlungen den zwölf aufeinander folgenden die Mumificirung und die damit verknüpfte Idee, der Leib müsse erhalten werden, damit die Seele sich wieder mit ihm vereinigen könne, mit dem Glauben an eine Seelenwanderung, wie sie Pythagoras und andere Griechen lehrten, durchaus nicht im Einklang zu stehen. Wenn die Seele etwa durch verschiedene Menschenleiber gewandert war, an welchen soll sie sich dann halten? mit welchem sich vereinigen? Geräth sie nicht da in das seltsamste Dilemma? — Pythagoras glaubte, dass er schon früher andre menschliche Existenzen durchlebt habe, dass er zur Zeit des

Stunden des Tages entsprechen. Es lässt sich aber nicht erweisen, wann diese Beziehung zuerst erdacht ward und ebensowenig, dass sie jemals allgemeinen Eingang gefunden habe. Die Umwandlungen, von denen das Capitel handelt, erschöpfen jedoch die Zahl der für möglich gehaltenen noch lange nicht, vielmehr wurden den Wünschen des Verstorbenen in dieser Beziehung keine Schranken gesetzt. — Die Verwechslung der aegyptischen, hierher gehörenden Begriffe mit denen der Pythagoreer oder der Hindu hat oft zu Missverständnissen geführt. Die Pythagoreer glaubten freilich an eine Seelenwanderung und die Legende erzählt, dass ihren Meister bei seinem Aufenthalt im Orient aegyptische Priester in ihre Mysterien eingeweiht haben sollen. In Folge dieser schlecht begründeten Geschichte haben dann mehrere Gelehrte, auch solche, die es besser hätten wissen können, die pythagoreische Lehre über die Schicksale der Menschenseele den Aegyptern zugeschrieben; vor der Kritik haben aber beide Systeme weder in historischer, noch in theoretischer Hinsicht etwas miteinander gemein. In dem pythagoreischen findet sich nichts, dass der schon früher bestehenden hellenischen Denkweise fremd wäre, und also keineswegs durch auswärtigen Einfluss erklärt zu werden braucht. Die Seelenwanderung des Pythagoras beruht wesentlich auf dem Gedanken der Sühnung und Reinigung. Die Menschen, lehrte er, müssten unter verschiedenen Gestalten in einem neuen Leben auf Erden das Unrecht abbüssen, dass sie in einem früheren Dasein begangen hatten. In keinem der bisher aufgefundenen aegyptischen Texte ist aber eine Andeutung solchen Glaubens zu finden. Die Verwandlungen nach dem Tode hängen, wie ausdrücklich gesagt wird, allein von dem Willen des Verstorbenen, oder dem seines Genius ab."

homerischen Krieges der Panthoide Euphorbos, dass er Pyrander u. s. w. gewesen sei, und er gab vor, sich dessen zu erinnern, ähnlich wie Buddha sich seiner früheren Existenzen erinnert. Auf aegyptischem Standpunkt wäre eine solche Vorstellung gar nicht möglich.[1])

Nach alledem glaube ich, dass wir ein Recht haben, den Aegyptern den Seelenwanderungsglauben ganz abzusprechen, es sei denn, dass uns derselbe noch aus den aegyptischen Denkmälern unwiderleglich nachgewiesen wird.[2])

Wenn aber die Aegypter keine Metempsychose glaubten, wie kam dann Herodot dazu, ihnen dieselbe zuzuschreiben? sie geradezu als die Schöpfer dieser Idee zu bezeichnen?

---

1 Ich erlaube mir hier zur Erläuterung der betreffenden Vorstellung der Aegypter eine Stelle aus Brugsch mitzutheilen, auf welche mich wiederum Herr Dr. v. Lemm aufmerksam macht. Brugsch, die ägyptische Gräberwelt, Leipzig 1868. p. 9 flg. „Die sorgfältigste Erhaltung des Körpers nach dem Tode, sowohl in Bezug auf die Zerstörung desselben von innen heraus durch den Process der Verwesung, als auch von aussen her durch Zufälligkeiten und Gewalt, war eine Hauptbedingung nach altaegyptischer Lehre, zur baldigen Erlösung der Seele und damit zur zeitlich festgesetzten Vereinigung derselben mit dem Urquell des Lichtes und des Guten, denn beides war unzertrennlich von einander gedacht. Während eines grossen Cyklus von Sonnenjahren war, nach aegypt. Vorstellung, die Seele in einem gewissen Sinne noch gebunden an den Körper, den sie indessen nach Belieben zeitweise verlassen konnte, um sich in mannigfacher Gestalt und an jedem Orte sichtbar den irdischen Menschen zu zeigen in jenen Formen, welche je nach der Stunde verschieden von einander, in Zeichnungen und Texten genau vorgeschrieben waren. — Hierin der einzige Grund für die sorgfältige Einbalsamirung der Verstorbenen und für die kaum glaubliche Mühe, den Ort der Todten zu verbergen“.

2) Ich will nicht bestreiten, dass aus der phantastisch-pantheistischen Weltanschauung sich eine Seelenwanderungslehre hätte entwickeln können. Die Entstehung dieser Lehre ist auch bei den Indern mit pantheistischen Ideen eng verbunden. Aber dass diese Entwickelung in Aegypten wirklich stattgefunden, müsste erst gezeigt werden; andernfalls dürfen wir sie nicht annehmen.

einen so verhängnissvollen Irrthum aufzubringen, der durch mehrere Jahrtausende sich weiter forterben sollte? Nun, ich glaube, auch das ist keineswegs so unerklärlich. Herodot kannte den Glauben an Unsterblichkeit und Seelenwanderung bei verschiedenen Griechen. Wenn er dann aegyptische Vorstellungen, wie sie z. B. im Schai en sinsin enthalten sind, kennen lernte, so konnte er, der kein geschulter Denker und geneigt war, Griechisches aus Aegyptischem abzuleiten, in jenen phantastisch-pantheistischen Gedanken sehr wohl dasselbe zu finden glauben, was jene Griechen lehrten, konnte Aegypten für die Heimath dieser Ideen halten. Möglich, dass ihn auch die aegyptischen Priester in diesem Irrthum bestärkten. Jedenfalls kann man ihm daraus keinen grossen Vorwurf machen. Wir aber dürfen uns desselben Irrthums nicht mehr schuldig machen; müssen vielmehr die pythagoreische Seelenwanderungslehre und die phantastisch-pantheistische Weltanschauung der Aegypter streng auseinanderhalten.

Wenn nun nach alledem Pythagoras seine Seelenwanderungslehre nicht den Aegyptern verdanken kann, wo haben wir dann das Land zu suchen, dem sie entstammt?

Hier sehen wir uns mit zwingender Gewalt nach einer ganz bestimmten Richtung hin gewiesen. Das einzige Volk, von welchem wir mit Sicherheit behaupten können, dass es die Seelenwanderung vor Pythagoras geglaubt und gelehrt habe, sind die Inder. Von ihnen, und von ihnen allein kann Pythagoras diese Lehre überkommen haben.[1])

---

1) Ueber den angeblichen Seelenwanderungsglauben der Geten, vgl. oben p. 9. Ebensowenig können wir irgend etwas Sicheres darauf gründen, was Caesar B. Gall. VI, 14 und Diodor V, 28 Schl. von gallischem Seelenwanderungsglauben behaupten. Für die Unklarheit der Auffassung spricht sehr deutlich, was Diodor seiner Notiz hinzufügt. Er sagt: *ἐνισχύει γὰρ παρ' αὐτοῖς ὁ Πυθαγόρου λόγος, ὅτι τὰς ψυχὰς τῶν ἀνθρώπων ἀθανάτους εἶναι συμβέβηκε καὶ δι' ἐτῶν ὡρισμένων πάλιν βιοῦν, εἰς ἕτερον σῶμα τῆς ψυχῆς εἰσδυομένης*, weshalb, fährt er fort, Manche bei Bestattungen Briefe an ihre Angehörigen auf den Scheiterhaufen legen (Zeller,

Wir wissen es mit Bestimmtheit, dass die Inder im 6. Jahrhundert vor Chr. an die Seelenwanderung glaubten. Ja, mehr als das, wir wissen, dass dieser Gedanke gerade in diesem Jahrhundert das indische Volk, seine Denker, seine Priester und Asketen so mächtig bewegte, so tief erfüllte, so im Innersten erregte, wie es wohl selbst bei den Indern zu keiner Zeit, weder vorher noch nachher, der Fall gewesen, und wie es gewiss bei keinem andern Volke jemals nur annähernd stattgefunden. Es war ja die Zeit, die den Buddhismus hervorbrachte, als dessen Ziel einzig und allein die Befreiung von dem Kreislauf der Geburten, von der Wanderung der Seele durch immer neue Existenzen bezeichnet werden muss. Und nicht Buddha war der Erste, den diese Idee so gewaltig erfasste. Vielmehr, wie uns insbesondere durch die schönen Ausführungen Oldenberg's [1]) klar gemacht ist, gleichzeitig mit Buddha, wie auch schon in der ihm unmittelbar vorausgehenden Periode, durchzogen das Land Asketen, Mönche, Wanderprediger, religiöse Bettler und theosophische Disputirer aller Art, theils einzeln, theils schon förmliche Orden oder Congregationen bildend, Alle das Heil, die Erlösung suchend, oder im Glauben, dieselbe bereits gefunden zu haben. Was aber heisst hier Heil und Erlösung? Immer und immer wieder nur die Erlösung von dem Kreislauf des Lebens, von dem immer erneuten Geborenwerden und Sterben, die Befreiung von den Fesseln der Seelenwanderung. Wenn die Seele so weit gehoben und geläutert ist, dass sie nach dem Tode keine weitere Geburt zu fürchten hat, dann ist sie erlöst! Wie furchtbar und drückend muss schon im 7. und dann noch mehr im 6. Jahrhundert der Gedanke der unerbittlich noth-

a. a. O. p. 59 Anm.). — Welchen Sinn würde das aber haben, wenn sie wirklich an eine Seelenwanderung glaubten?? Und nun soll der Seelenwanderungsglaube noch dafür der Grund sein!

1) Hermann Oldenberg, Buddha. Sein Leben, seine Lehre, seine Gemeinde. Berlin 1881. Vgl. namentlich p. 62 flg.

wendigen Seelenwanderung das Denken und Empfinden des indischen Volkes belastet haben, wie tief muss dieses Volk von solcher Idee durchdrungen gewesen sein, wie fest an dieselbe geglaubt haben, wenn alles Sinnen und Trachten dieser Zeit, das geistige Ringen weltflüchtiger Mönche und Asketen diesem einen Ziele zustrebte, — Befreiung von dem Kreislauf der Geburten!

Wohl mochte ein ernst und tief angelegter, über die Räthsel der Welt und des Lebens nachsinnender Mann, der aus der Fremde in diese indische Welt hineintrat, tief erfasst und erschüttert werden, wenn er sah, wie hier ein grosses, begabtes, nicht auf niedriger Culturstufe stehendes Volk unerschütterlich an die Nothwendigkeit glaubte, dass die Seele durch viele Leiber und Existenzen wandern müsse, und sehnsuchtsvoll nach der Befreiung von dieser furchtbaren Nothwendigkeit suchte. Wohl mochte ein solcher Mann, wenn er geneigt war, fremde und fremdartige Gedanken sich anzueignen, selbst von dem grossen geistigen Zuge, der dieses Volk bewegte, ergriffen werden, sich in diese phantastischen Vorstellungen hineindenken, um sie sich endlich ganz selbst zu eigen zu machen.

Das ist ein psychologischer Process, den wir begreifen können; sehr verschieden von der Annahme, ein solcher Mann möchte solch seltsam phantastischen Glauben aus entfernt ähnlichen Philosophemen eines andern Volkes oder aus gewissen abergläubischen Meinungen uncultivirter Stämme geschöpft haben, über welche wir noch dazu kaum sichere Kunde zu haben behaupten können. — Ich will nach unsern früheren Erörterungen über die Nachrichten vom Leben des Pythagoras kein besonderes Gewicht darauf legen, kann es aber doch auch nicht unerwähnt lassen, dass die Tradition diesen Weisen ausdrücklich auch nach Indien gelangen und die Weisheit der Brahmanen sich aneignen lässt.[1]) Somit stünde die Annahme, dass Pytha-

---

1) Folgendes entnehme ich Zeller, a. a. O. p. 276, Anm. 2: Clem. Strom. 1, 304, B: ἀκηκοέναι τε πρὸς τούτοις Γαλατῶν καὶ

goras bei den Indern sich belehrt habe, jedenfalls durchaus nicht im Widerspruche mit der Ueberlieferung. —

Es ist hier nicht der Ort, auf die, an sich gewiss sehr interessante, Frage nach der Entstehung und Entwickelung des Seelenwanderungsglaubens in Indien näher einzugehen. Die Behandlung derselben könnte zum Gegenstande einer besonderen, gewiss sehr lohnenden Monographie gemacht werden, die im Einzelnen noch manchen dunkeln Punkt aufzuhellen hätte. Hier genüge es, kurz anzudeuten, wie dieser Glaube, den die vedischen Saṃhitâ's noch nicht kennen, in Indien selbständig emporwächst, ohne dass wir irgend welchen fremdländischen Einfluss dabei wahrnehmen können.

Die Lehre von der Seelenwanderung entwickelt sich im Zusammenhang mit der Lehre vom All-Einen, deren Wurzeln schon im Rigveda, in der, von Max Müller „henotheistisch" oder „kathenotheistisch" genannten Götteranschauung zu suchen sind. Wenn dort verschiedene Göttergestalten in einander übergehen, verschmelzen, ja schliesslich identificirt werden, und schon die Frage nach dem E i n e n, der A l l e m zu Grunde liegt, auftaucht; so nimmt in der folgenden Periode des Yajurveda und der Brâhmana's, im Anschluss an eine seltsame Opfersymbolik, das beständige Identificiren nicht bloss verschiedener Götter, sondern aller möglichen Wesen, Gegenstände und Begriffe einen fast krankhaft gesteigerten Charakter an. Immer gleichgültiger, immer bedeutungsloser erscheint

Βραχμάνων τὸν Πυθαγόραν βούλεται (nämlich Alexander Polyhistor in s. Schrift über die pythagoreischen Symbole); nach ihm Eus. pr. ev. X, 4, 10. Apul. Floril. II, 15: von den Brahmanen, die er besuchte, habe er erfahren, quae mentium documenta corporumque exercitamenta, quot partes animi, quot vices vitae, quae Diis manibus pro merito sui cuique tormenta vel praemia. [Namentlich die letztere Angabe stimmt noch specieller zu unsrer obigen Annahme.] Philostr. V, Apoll. VIII, 7, 44: Die Weisheit des Pythagoras stamme von den aegyptischen Gymneten und den indischen Weisen.

alles Einzelne, immer wirrer und wüster wirft eine regellose Phantasie Alles durcheinander, immer spukhafter sind die Gestalten, die hier geschaffen werden, immer beängstigender die Vorstellungen, welche den bedrohen, dessen Opfer nicht den rechten Verlauf nimmt. In dieser düstern, dumpfen und traurigen Zeit der Brâhmana's tritt zuerst der Gedanke des Wiedersterbens auf; der Gedanke, dass die Todesmächte mit der Vernichtung unseres Leibes nicht befriedigt, die Seele weiter verfolgen, die in immer neuen Existenzen wieder und wieder des Todes Beute wird.[1]) Hier zuerst erscheint der Gedanke des Wiederwerdens (punar-bhû), des Wiedergeborenwerdens, aber — sehr charakteristisch, — erst hervorgerufen und gefordert durch jenen schreckhaften Gedanken des Immerwiedersterbenmüssens.[2])

Und auf der andern Seite, — in der Flucht der Erscheinungen hatte man Eines als den ruhenden Pol erkannt, den Kern, Ausgangs- und Endpunkt alles Wesens, den Âtman-Brahman, der in Allem ist, die heilige Weltseele. In ihr allein ist Frieden; was von ihr verschieden, ist leidvoll. Sie zu suchen, zu erkennen, geben Brahmanen schmerzvoll bewegt es auf, nach irdischen Gütern zu streben, und ziehen als Bettler umher. Eine tiefe Sehnsucht, schmerzliche Unruhe erfüllt alle Gemüther, aber Entzücken erfasst den, der das Höchste, Heiligste, den Âtman, richtig zu erkennen glaubt. Ihn, den All-Einen, in seinem Wesen ganz zu erkennen, im Tode in ihn einzugehen, dieses Ziel vermochte nur der Vollkommenste zu erreichen. Was soll aus der grossen Masse der Uebrigen werden? Sollen sie den Qualen der Hölle verfallen? Nein, es muss da

1) Ob gewisse abergläubische Vorstellungen der indischen Ureinwohner beim Zustandekommen dieser Idee mitgewirkt haben, lässt sich nicht sicher ausmachen, ist aber nicht unmöglich.

2) Diesen Gedanken hat zuerst Oldenberg in das richtige Licht gesetzt, Buddha p. 45 flg. Dort findet man auch charakteristische Brâhmaṇa-Stellen angeführt.

vermittelnde Zwischenstufen geben, und da bieten sich die verschiedenen Existenzen in der Welt, wo man immer wieder und wieder des Todes Beute wird. Ein ähnliches Gerechtigkeitsgefühl, wie dasjenige, welches das katholische Fegefeuer schuf, liess diesen Glauben hier ergänzend zwischen Hölle und Himmel eintreten. Und immer mehr drängt er sich in den Vordergrund, immer tiefer und mächtiger wird dabei die Empfindung, dass alles Leben Leiden ist, dass ihm zu entfliehen unser Ziel sein muss. Und wenn jene Ersten, die als Asketen und Mönche umherzogen, nach der Erkenntniss des Âtman und seines Wesens, der Vereinigung mit ihm strebten, so wird mit der Zeit jene Frage verschoben, und endlich lautet sie nur noch: wie befreit man sich von den Fesseln der Seelenwanderung? Das war das Ziel der Sehnsucht geworden schon in der Zeit, die Buddha's Auftreten vorher ging. Mit der eigenthümlich indischen, zähen Sucht zum Systematisiren ward dieser Gedanke immer consequenter verfolgt und ausgebildet. Der Seelenwanderungsglaube verschmolz vollständig mit dem Moralsystem und musste ihm zur Stütze dienen. Mit diesem Glauben konnte man die scheinbare Ungerechtigkeit im Leben der Einzelnen erklären. Sie hatten eben in früheren Existenzen gesündigt oder gut gethan und danach empfangen sie ihren Lohn. Und andererseits passte sich dieser Glaube trefflich dem allmählich entstehenden, immer systematischer ausgebildeten Castenwesen an. Indessen führt uns dies hier schon zu weit. Ist es für uns doch eigentlich nur von entscheidender Wichtigkeit, zu constatiren, dass im 6. Jahrhundert vor Chr. Indien mächtig bewegt war von der einen Frage, der einen Sehnsucht nach Befreiung aus den Fesseln der Seelenwanderung, welche die verschiedenen Weisen und Lehrer auf verschiedene Weise erstrebten. —

Als besonders merkwürdig möchte ich endlich noch hervorheben, dass wir bei den Indern nie einem Widerspruch, nie einer Anfechtung der Seelenwanderungslehre begegnen. Ob eine Wanderung der Seele stattfindet, wird nirgends gefragt, sondern immer nur: wie ist es möglich, ihr zu entrinnen? Sie wird allgemein und unumstösslich geglaubt. Das spricht für eine naturgemässe, folgerechte Entwickelung aus den Prämissen, welche die älteste indische Cultur bot.[1]) Die indische Skepsis ist bisweilen kühn genug, sie wagt es an dem Höchsten und Heiligsten zu rütteln, aber an dem Seelenwanderungsglauben meines Wissens nicht. Dieser Glaube gilt von der Zeit an, wo wir ihm überhaupt begegnen, gewissermassen als selbstverständlich.

Kehren wir nun nach dieser, nicht wohl zu umgehenden Abschweifung wieder zu Pythagoras zurück und fragen wir, wie weit denn seine Lehre, seine specielle Auffassung von der Seelenwanderung und ihrer Bedeutung mit der indischen harmonirt, so finden wir da die merkwürdigste Uebereinstimmung.

Gerade die Auffassung der Pythagoreer, dass die Seele zur Strafe an den Körper gebunden und darin begraben, dass der Körper ein Kerker sei, in den sie die Gottheit versetzt habe (Zeller, a. a. O. p. 418. 419), stimmt ganz zu der indischen Denkweise. Aus diesem Gefängniss der Körperwelt sich zu befreien und in einer höheren Welt ein seliges Leben zu führen, gelingt der Seele nur dann, „wenn sie sich dieses Glückes fähig und würdig gemacht hat, andernfalls hat sie theils die Busse des Körperlebens, theils Strafen des Tartarus zu erwarten“ (Zeller p. 419). In dieser Auffassung stimmen schon die ältesten Zeugnisse überein, sie findet sich dann bei Plato, und auch Empedokles „bestätigt, dass die Seele um früherer Verschul-

---

1) Hier möchte man wohl vermuthen, dass diese Vorstellungen dem Glauben der indischen Ureinwohner mit ihrem Geistercultus in mancher Beziehung nahe standen oder gar durch ihn beeinflusst waren. Es ist sonst schwer, die Thatsache zu begreifen, dass das ganze Volk sich diese Ideen so vollständig aneignen, diesem Glauben so unerschütterlich anhängen konnte.

dungen willen in den Körper versetzt werde und nach dem Tode je nach ihrer Würdigkeit in den Kosmos oder in den Tartarus komme, oder zu neuer Wanderung durch Menschen- und Thierleiber bestimmt werde" (a. a. O. 419. 420). Dieselbe Auffassung ist auch den jüngeren Schriftstellern eigen, wir dürfen sie also als die bei den Pythagoreern durchgängig geltende ansehen.

Ganz ebenso sinken ja bei den Indern die Seelen nach Massgabe ihrer Handlungen in die Hölle hinab, oder sie wandern weiter durch die Welt der Körper, oder endlich sie gelangen zu einem höheren, himmlischen Leben, resp. einer seligen Existenz auf dem Monde.

Als Wohnsitz der Seligen dachten sich nun auch die Pythagoreer den Mond, allerdings auch die Sonne,[1]) aber doch scheint der Mond vorzüglich gemeint zu sein, denn ihm wurden „insbesondere Pflanzen und lebende Wesen, die weit grösser und schöner sein sollten, als die auf der Erde," beigelegt (cf. Zeller, a. a. O. p. 395).

In diesem Zusammenhang muss noch eine bekannte Behauptung der Pythagoreer, die schon Aristoteles erwähnt, angeführt werden, dass nämlich die Sonnenstäubchen Seelen (natürlich nur die Seelen frommer und guter Menschen) [2]) seien (cf. Zeller, p. 386. 387. 413. 421). Hiermit möchte ich einen indischen Gedanken zusammenstellen, der sich schon im Çatapatha-Brâhmaṇa findet, dass nämlich die Sonnenstrahlen die Guten und Frommen, d. h. natürlich die Seelen der Guten und Frommen seien.[3])

---

1) Vgl. die bei Jambl. V. P. 82 Pythagoras in den Mund gelegte Katechese: *τί ἐστιν αἱ μακάρων νῆσοι; ἥλιος, σελήνη* (Zeller, a. a. O. p. 395, Anm. 3).

2) Die Unvollkommenen und Schlechten mussten ja theils in der Körperwelt weiter wandern, theils in den Tartarus hinabsinken.

3) Çat. Br. 1, 9, 3, 10. Nachdem hier der Spruch vom berühmten Schritte, den Vishṇu am Himmel gethan (divi vishṇur vyakraṃsta cet.), mitgetheilt ist, heisst es weiter evam imâm llokânt

Endlich darf ich nicht unerwähnt lassen, dass Pythagoras ganz ähnlich wie Buddha sich seiner früheren Existenzen zu erinnern vorgab. Nicht jedem Sterblichen war dies vergönnt, es war hier wie dort das Vorrecht des Meisters, des Heiligen, des Ordensstifters. Welche Rolle die Jâtaka's, die Erzählungen Buddha's von seinen eigenen früheren Existenzen, in der buddhistischen Literatur spielen, ist bekannt. Es erscheint nicht unmöglich, dass auch andere Ordensstifter vor ihm schon dieses Vorrecht in Anspruch nahmen. Von Pythagoras wird erzählt, Hermes, dessen Sohn er in einem früheren Dasein war, hätte ihm „verliehen, die Erinnerung an seine ganze Vergangenheit in den wechselnden Lebenszuständen zu bewahren" (Zeller, a. a. O. p. 286). So gab er denn an, früher Euphorbos, Pyrander u. s. w. gewesen zu sein.

Alles in Allem wird sich nicht wohl bestreiten lassen, dass die ganze Auffassung von der Seelenwanderung, ihrem Charakter und ihrer moralischen Bedeutung, bei Pythagoras so merkwürdig und bis in's Einzelne hinein mit den indischen Vorstellungen übereinstimmt, dass die Annahme, zu der

---

samâruhyâthâishâ gatir eshâ pratishṭhâ ya esha tapati tasya ye raçmayas te sukṛto ऽ tha yat paraṃ bhâḥ prajâpatir vâ sa svargo vâ lokaḥ „So nachdem man diese Welten erstiegen hat, folgt dann dieser Gang, diese Wohnstätte: die Strahlen dessen, der da glüht (d. h. der Sonne), sind die Frommen (oder Guten); das Licht, was noch darüber hinausgeht, das ist Prajâpati oder die Himmelswelt." — Ich möchte in diesem Zusammenhang eine andere, hübsche Stelle aus der ältesten Brâhmaṇa-Literatur nicht unterdrücken, wenn dieselbe auch meines Wissens sich nicht unmittelbar mit einem pythagoreischen Gedanken berührt; eine Stelle nämlich, wo die G e s t i r n e als die Seelen der Frommen bezeichnet werden. Ich meine Mâitr. S. 1, 8, 6 tád îjânâ' vâ'i suk'ṛto ऽmúm lokáṃ nakshanti; té vâ' eté yán nákshatrâṇi; yád âhúr jy'otir ávâpâdi tâ'rakâ'vâpâdî'ti, té vâ' eté ऽvapadyante. „Die frommen Opferer kommen in jene Welt; sie fürwahr sind die Gestirne; wenn man nun sagt: Es ist ein Licht (Glanz) gefallen, ein Sternlein ist gefallen! dann sind sie es, die da herunterfallen."

wir uns oben gedrängt sahen, Pythagoras müsse seine Lehre von den Indern überkommen haben, dadurch in hohem Grade an Wahrscheinlichkeit gewinnt.

Cap. II.

Pythagoreische Verbote.

Pythagoras hatte in dem von ihm gestifteten Orden bestimmte Satzungen und Observanzen eingeführt, durch welche das Leben seiner Anhänger, die eine höhere Stufe sittlicher Lebensführung erstrebten, von demjenigen anderer Menschen unterschieden sein sollte. Unter diesen Satzungen tritt das Verbot, Fleisch und Bohnen zu geniessen, bedeutsam hervor. Die späteren Schriftsteller schreiben den Pythagoreern höheren Grades „die gänzliche Enthaltung von blutigen Opfern und Fleischspeisen, von Bohnen und einigen anderen Nahrungsmitteln“ zu (Zeller a. a. O. p. 290). Dass diese Verbote von ihnen auf Pythagoras selbst zurückgeführt zu werden pflegen, braucht kaum besonders hervorgehoben zu werden. Es ist indessen von Zeller deutlich gezeigt worden, dass diese Verbote in dieser Strictheit schwerlich von Pythagoras selbst stammen. Es wird von älteren Schriftstellern [1]) ausdrücklich geläugnet, dass sich Pythagoras des Fleisches enthalten habe; nur vom Pflugstier und vom Bock habe er nicht gegessen. Andere Autoren [2]) „sagen von den Pythagoreern nur, dass sie sich der Fische gänzlich enthalten und wenig Fleisch, hauptsächlich Opferfleisch geniessen“. Ferner sagt Plutarch Numa 8 von den pythagoreischen Opfern nur,

---

1) Aristoxenus bei Athen. X, 418 flg. Diog. VIII, 20. Gell. IV, 11. Ebenso Plutarch b. Gell. a. a. O. Vgl. Diog. VIII, 19 aus Aristoteles.

2) Plut. qu. conv. VIII, 8, 1. 3 und Athen. VII, 308, c. Vgl. Zeller a. a. O. p. 292 Anm. 1.

sie seien meist unblutig gewesen (Zeller a. a. O. p. 292 Anm. 1). Ob Theophrast den Pythagoreern die Enthaltung vom Fleischgenuss zuschreibt, muss als mindestens sehr fraglich bezeichnet werden, da die betreffende Stelle [1]) wahrscheinlich nicht von ihm stammt. Aber auch an dieser Stelle heisst es, dass sie „vom Opferfleisch wenigstens gekostet haben, so dass sie doch Thieropfer gehabt hätten“ (Zeller a. a. O.). Endlich wird, wie bekannt, dem Pythagoras selbst ein Stieropfer, aus Anlass des sogenannten pythagoreischen Lehrsatzes und anderer mathematischer Entdeckungen, zugeschrieben.[2])

Wenn wir nun auch bei diesen, im Einzelnen sich vielfach widersprechenden, Berichten nicht mit völliger Sicherheit feststellen können, was Pythagoras selbst gelehrt und angeordnet, so werden wir doch dies als gesichert betrachten können, dass er in Bezug auf die Fleischnahrung sich und den Seinigen verschiedene Beschränkungen auferlegte; dass er wahrscheinlich insbesondere das Fleisch des Pflugstiers und des Bockes zu essen verboten; dass endlich Thieropfer bei ihm und seinen Anhängern, wenn auch vielleicht nicht oft, so doch immerhin vorgekommen sind, und dass wahrscheinlich das im Opfer dargebrachte Fleisch in erster Linie zu geniessen gestattet war.

Es ist bekannt, dass eben diese Tendenz auf Einschränkung, resp. Abschaffung der Fleischnahrung gerade für die Inder sehr charakteristisch ist. Von einer wirklichen Abschaffung derselben kann aber auch dort nicht die Rede sein. Nicht einmal in den viel späteren Zeiten, denen das Gesetzbuch des Manu entstammt [3]), ist eine solche erreicht worden; ja sie ist vielleicht nicht einmal im Ernste angestrebt worden. Denn wenn auch im Manu

1) Porph. De abstin. II, 28. Vgl. Zeller a. a. O. p. 292 Anm. 1.

2) Zeller a. a. O. p. 292 Anm. 1.

3) Das Gesetzbuch des Manu ist mindestens einige Jahrhunderte jünger als Buddha, resp. Pythagoras.

die Verdienstlichkeit der Enthaltung vom Fleischessen sehr hervorgehoben wird, so giebt doch eben dieses Gesetzbuch eine ganze Reihe von Thieren an, deren Fleisch zu essen erlaubt sein solle. Vor Allem aber ist es nach demselben Gesetzbuch durchaus erlaubt, das im Opfer dargebrachte Fleisch zu geniessen.

In der älteren Zeit, um welche es sich bei uns handelt, ist aber sicher noch viel mehr erlaubt gewesen, haben resp. wohl nur einzelne Beschränkungen in Bezug auf die Fleischnahrung stattgefunden.

Die ältesten Gebote, des Fleisches sich zu enthalten, beziehen sich auf gewisse Fastenzeiten beim Opfer, wo der Opfernde sich besonders zu reinigen und zu läutern streben musste. Die Blüthezeit des Opfers erstreckt sich vom 10. bis zum 8., resp. 7. Jahrhundert vor Chr. Inzwischen entwickelten sich die pantheistischen Ideen und damit die moralische Vorschrift, dass wir in jedem Wesen uns selbst sehen sollen;[1]) es entwickelte sich die Idee der Seelenwanderung und jene weltschmerzliche, pessimistische Stimmung, die das schon vor Buddha beginnende Mönchthum in's Leben treten liess. In dieser Zeit muss der Gedanke, dass es sündlich sei, lebende Wesen zu tödten und ihr Fleisch zu geniessen, aufgekommen sein. Unter den Geboten, die der Buddhismus im 6. Jahrhundert vor Chr. giebt, finden wir als das erste und oberste: Kein lebendes Wesen zu tödten![2]) Die Brahmanen sind in diesem Punkte weniger weit gegangen, aber auch von den Buddhisten werden wir eine consequente Enthaltung vom Fleischgenuss schwerlich behaupten können. Berichtet doch die Legende sogar von dem allerherrlichstvollendeten Buddha selbst, dass er kurz vor seinem Ende ein Gericht Schweine-

1) Man vgl. im 40. Buch des weissen Yajurveda (Vâjasaneyi-Saṃhitâ), welches auch unter dem Titel Îçopanishad bekannt ist, Vers 6: „Wenn man alle Wesen in sich sieht und sich selbst in allen Wesen, da giebt es keine Ungewissheit (keinen Zweifel).“

2) S. Oldenberg, Buddha, p. 296.

fleisch genossen und dadurch sich seine Krankheit zugezogen habe.[1])

Zur Zeit des Pythagoras also war in den verschiedenen Kreisen der indischen Religiosen mehr oder minder stark die Tendenz auf Vermeidung der Fleischnahrung vorhanden, ohne dass dieselbe consequent verfolgt wurde. Dasjenige Thier aber, welches seit Alters von den Indern heilig gehalten wurde, war das Rind, und dieses zu tödten oder gar zu essen wird von den Brahmanen als eine der schrecklichsten Sünden perhorrescirt. Diesen Punkt haben sie consequent auf's Strengste festgehalten. Wenn darum Pythagoras speciell vom Pflugstier zu essen verbot, so liesse sich das hiermit zusammenstellen.[2]) Zum Opfer aber durfte der Brahmane bestimmte Thiere tödten, und unter diesen stehen Stiere und Kühe obenan, was wiederum dazu stimmt, dass uns von Pythagoras und den Pythagoreern Thieropfer und speciell auch Stieropfer berichtet werden.

Was endlich die Erlaubniss betrifft, vom Fleische geopferter Thiere zu essen, so würden wir auch hierin Uebereinstimmung mit den brahmanischen Bräuchen finden; noch das Gesetzbuch des Manu hebt ausdrücklich das Essen des Fleisches zum Opfer als „die göttliche Weise“ hervor, während es sonst gegen das Fleischessen eifert.[3])

1) S. Oldenberg, Buddha, p. 204.

2) Das Verbot, vom Fleische des Bockes zu essen, könnte man auch geneigt sein, vom indischen Standpunkte zu erklären. Der Bock heisst nämlich ssk. ajá; und ganz ebenso ajá (von der Wurzel jan „gebären“ mit dem privativen a) heisst auch „der Ungeborene, Ewige“, Bezeichnung eines uranfänglichen, unerschaffenen göttlichen Wesens! (vgl. Pet. Wört. s. v. ajá 1. u. 2.) Läge es nicht nah, das Essen vom Fleische des Bocks zu verbieten, weil sein Name zugleich den „Ungeborenen, Ewigen“ bedeutet? — Vgl. übrigens auch Âpast. Çr. 9, 3, 6 ajasya tu tato nâçnîyât „darnach aber soll er nicht vom Bocke essen“; — was ja freilich sich nur auf eine bestimmte Opferzeit bezieht, aber immerhin beachtenswerth sein dürfte.

3) Vgl. Mân. Dharm. 5, 31 yajñâya jagdhir mâmsasyety esha dâivo vidhiḥ smṛtaḥ ato 'nyathâ pravṛttis tu râkshaso vidhir ucyate

Wir dürfen, glaube ich, behaupten, dass Pythagoras in Bezug auf das Verbot des Fleischessens und das Opfern von Thieren der Hauptsache nach auf dem Standpunkte sich befand, welchen wohl die Mehrzahl der Inder des siebenten und sechsten Jahrhunderts vor Chr. vertrat, welchen wir jedenfalls bei den maassgebenden geistigen und religiösen Leitern des Volkes vorfinden. —

Eine höchst seltsame, scheinbar ganz unmotivirte Satzung des Pythagoras ist das Verbot des Bohnenessens, die bekannte faba Pythagorae cognata des Horaz. Ich glaube, dass wir dieses Verbot mit Sicherheit auf Pythagoras selbst zurückführen können. Es wird im Alterthum oft erwähnt (s. Zeller, p. 291, Anm. 1), und es dürfte kaum denkbar sein, dass eine solche unmotivirte, vielverspottete Sonderbarkeit erst in späterer Zeit aufgekommen wäre; sie konnte nur durch die Autorität des Meisters selbst aufrecht erhalten werden. Ich glaube darum, dass wir kein Gewicht darauf legen können, wenn Aristoxenus bei Gell. behauptet, dass Pythagoras, weit entfernt, die Bohnen zu verbieten, dieses Gemüse vielmehr vorzugsweise empfohlen habe. Um so weniger glaube ich, dürfen wir hierauf Gewicht legen, als, wie Zeller sehr scharfsinnig bemerkt, der Widerspruch des Aristoxenus voraussetzt, dass das Bohnenverbot schon damals dem Pythagoras beigelegt wurde, wenn es auch von denjenigen Pythagoreern, deren Ueberlieferung er folgte, nicht anerkannt war.[1])

Nun ist es höchst merkwürdig, und ich glaube auf diesen Punkt ein entschiedenes Gewicht legen zu müssen,

1) Zeller, a. a. O. p. 292, Anm. 1. — Der Grund des Bohnenverbotes soll von den Pythagoreern standhaft verschwiegen worden sein. S. Zeller, p. 291, Anm. 1. — Die Geschichte, Pythagoras sei auf der Flucht erschlagen, weil er es verschmähte, sich über ein Bohnenfeld zu flüchten, darf wohl als eine alberne Fabel bezeichnet werden (p. 291, Anm. 1). Man sieht aber doch, wie viel über dies sonderbare Verbot gesonnen und räsonnirt wurde.

dass wir in den ältesten indischen Ritualtexten eben dieses Verbot vorfinden; zwar nicht als allgemeine Lebensregel, aber doch als Verbot für die Zeit, wo der Opfernde sich in frommer Observanz zum Opfer würdig vorzubereiten strebt; und als Motivirung wird gesagt, die Bohnen seien nicht rein, nicht opferwürdig oder -fähig.

In der Mâitrâyaṇî Saṃhitâ, dem ältesten Yajurveda neben dem Kâṭhakam, ungefähr aus dem 10. Jahrhundert vor Chr. stammend, finden wir für den Opfernden die Vorschrift: „Er soll keine Bohnen essen; die Bohnen sind nicht opferrein" (unwürdig oder unheilig). [1])

Ebenso heisst es im Kâṭhakam, einem ungefähr eben so alten Yajurveda: „Er soll keine Bohnen essen!" [2])

Auch in der Tâittirîya-Saṃhitâ, einem den vorerwähnten gleichartigen Werke, das um einige Zeit, aber nicht bedeutend, jünger ist wie jene, wird von den Bohnen ausdrücklich gesagt, sie seien nicht opferfähig, unrein, unheilig; und zwar ist dabei ein anderes Wort gebraucht als in der vorhin angeführten Stelle.[3])

1) Mâitr. S. 1, 4, 10 in dem sogen. Yajamânabrâhmaṇa: na mâshânâm açnîyâd: ayajñiyâ vâi mâshâḥ! Die Vorschrift bezieht sich wohl nur auf eine bestimmte Zeit der Opferhandlung, sie liegt aber vor, und die Begründung des Verbotes ist deutlich genug. Ueber das den Bohnen gegebene Epitheton ayajñiya bemerke ich: yajña heisst „die Götterverehrung, das Opfer." Davon abgeleitet yajñiya = opferwürdig, heilig; und mit dem privativen a versehen ayajñiya = nicht opferrein, nicht opferwürdig, unrein, unheilig. — mâsha heisst die Bohne, im Sing. die Pflanze, im Plur. die Kerne. Im späteren Gebrauch ist darunter — nach dem Petersburger Wörterbuch — Phaseolus radiatus Roxb. verstanden, „die geschätzteste Hülsenfrucht mit kleinen schwarz und grau gefleckten Kernen." Vgl. Pet. Wört. s. v. mâsha.

2) Kâṭh. 32, 7 na mâshânâm açnîyât.

3) Nämlich das Wort amedhya, welches das Petersburger Wörterbuch durch „nicht opferfähig oder -würdig, unrein, unheilig, nefastus" übersetzt. Die Stelle findet sich TS. 5, 1, 8, 1 ekaviṃçatyâ mâshâiḥ purushaçîrsham acchâity, amedhyâ vâi mâshâ, amedhyam purushaçîrsham. — Eine merkwürdige Stelle über das

Ein solches Zusammentreffen des sonderbaren Bohnenverbotes bei Pythagoras mit dieser, schon in den ältesten Yajurveden gegebenen Regel für den Opfernden in der Zeit, wo er sich bestreben soll, opferrein und opferwürdig zu werden, muss uns auf's Höchste frappiren, und gewiss ist hier die Frage berechtigt: Kann ein solches Zusammentreffen überhaupt zufällig sein?

Das Sonderbare und Unverständliche des pythagoreischen Verbotes, das so unmotivirt in der griechisch-italischen Welt auftretend unwillkürlich den Spott herausfordert, den es ja auch wirklich gefunden, wird uns mit einem Male verständlich, wenn wir annehmen, dass Pythagoras hier nur mit Zähigkeit an einer Regel festhielt, die er von seinen brahmanischen Lehrmeistern überkommen hatte. Sehr möglich übrigens, dass auch Pythagoras die Enthaltung vom Bohnengenuss nur für gewisse Zeiten, wo man sich besonders rein und würdig zu halten habe, vorschrieb. Wenigstens würde sich bei einer solchen

---

Bohnenessen findet sich im Çatapatha-Brâhmaṇa, einem Werke, dass zwar beträchtlich jünger als die ersterwähnten Werke ist, aber doch auch noch zur Brâhmaṇa-Periode gehört, als welche ich das 9. und 8. Jahrhundert vor Chr. in Anspruch nehme. Es gehört zu den jüngeren oder jüngsten Produkten dieser Zeit, ist aber inhaltlich wohl das bedeutendste. Ich meine die Stelle Çat. Br. 1, 1, 1, 10 sa vâ âraṇyam evâçnîyât || yâ vâraṇyâ oshadhayo yad vâ vṛkshyam, tad u ha smâhâpi barkur vârshṇo, mâshân me pacata, na vâ eteshâ◡ havir gṛhṇantîti, tad u tathâ na kuryâd, vrîhiyavayor vâ etad upajaṃ yac chamîdhânyaṃ, tad vrîhiyavâv evâitena bhûyâ◡sâu karoti, tasmâd âraṇyam evâçnîyât ||. „Er soll Wildes (Wildwachsendes) essen [d. h. in einer bestimmten Periode des Opferprocesses], entweder wilde Pflanzen oder was von Bäumen stammt. Da hat nun Barku Vârshṇa gesagt: Kochet mir Bohnen, diese nimmt man ja nicht zum Opfer! — So soll man aber nicht verfahren! Alle Hülsenfrüchte gehören zu (oder schliessen sich an) Reis und Gerste. So vermehrt man dadurch Reis und Gerste. Darum soll man etwas Wildes (Wildwachsendes) essen." — Es liegt hier eine Specialmeinung des Barku Vârshṇa vor, welche das Çatapatha Brâhmaṇa bekämpft.

Annahme der oben angeführte Widerspruch des Aristoxenus und die aus demselben hervorgehende Differenz in der pythagoreischen Ueberlieferung auf das Beste erklären.[1])

Hält man diesen Punkt mit dem partiellen Fleischverbot und der Seelenwanderungslehre zusammen, so wird man kaum zweifeln können, nach welcher Seite hier die Wahrscheinlichkeit liegt.[2])

---

1) Vgl. oben p. 35. — Es wäre durchaus möglich, dass Pythagoras das Bohnenessen für gewisse Zeiten, vielleicht für die Vorbereitungszeit zum Opfer, untersagte, dass er im Uebrigen aber die Bohnen als ein treffliches Gemüse empfahl. Hieraus konnte leicht in späterer Zeit die oben erwähnte Differenz entstehen.

2) Es darf an dieser Stelle nicht übergangen werden, dass Herodot II, 37 den Aegyptern die Enthaltung von den Bohnen und zwar in sehr entschiedener Form zuschreibt: *κυάμους δὲ οὔτε τι μάλα σπείρουσι Αἰγύπτιοι ἐν τῇ χώρῃ, τούς τε γενομένους οὔτε τρώγουσι οὔτε ἕψοντες πατέονται· οἱ δὲ δὴ ἱρέες οὐδὲ ὁρέοντες ἀνέχονται, νομίζοντες οὐ καθαρὸν εἶναί μιν ὄσπριον.* — Ob diese Mittheilung des Herodot aber richtig ist, und nicht vielleicht ebenso unbegründet wie die zuversichtliche Behauptung von der Seelenwanderung der Aegypter, dürfte nur aus aegyptischen Denkmälern sicher festgestellt werden können. Bisher aber sind beweisende aegyptische Zeugnisse über diesen Punkt noch nicht beigebracht. Der Versuch von Stern (a. a. O. p. 607), das koptische aro (Bohne) mit dem Namen des aegyptischen Elysiums Anuro (od. ohne Nasalirung Aro) etymologisch zusammen zu bringen, kann — von seiner Unsicherheit abgesehen — nicht ausreichen, um jene Angabe Herodot's zu erhärten. Wenn die Bohne den Namen des Elysiums trug und deshalb, nach Stern's Vermuthung, nicht gegessen werden durfte, wie stimmt das zu Herodot's Behauptung, die Aegypter hätten die Bohne für unrein erklärt und die Priester könnten nicht einmal ihren Anblick ertragen?? — Auch dass in der Geschichte von Anepu und Batau der ältere Bruder das Herz des jüngeren in einer Bohne findet, kann als Beweis nicht gelten, wenngleich es merkwürdig ist. Zu der Auffassung Herodot's will auch dieser Zug durchaus nicht stimmen. Auch hierin müssen wir wirkliche Aufklärung von andern aegyptischen Zeugnissen abwarten, falls dieselbe überhaupt jemals gegeben werden kann.

Plinius sagt, H. N. XVIII, 30, Pythagoras habe verboten, die Bohnen zu essen, weil die Seelen der Verstorbenen darin wären. Diese den Spott herausfordernde Erklärung ist offenbar nur ein

Es ist aber endlich noch ein eigenthümliches Verbot des Pythagoras anzuführen, das in merkwürdiger Weise mit einer vedischen Stelle zusammenstimmt. Dies ist das pythagoreische: *πρὸς ἥλιον τετραμμένον μὴ ὀμιχεῖν*, welches schon seit Jahren im Petersburger Wörterbuch (s. v. pratyañc) mit einem Verse des Atharvaveda zusammengestellt ist, in welchem eben jene Handlungsweise als unstatthaft und verwerflich gekennzeichnet wird.[1]) Im Zusammenhang mit dem Vorhergehenden dürfen wir wohl die Frage wiederholen: Soll auch dies Zusammentreffen ein zufälliges sein?

Cap. III.

Der pythagoreische Lehrsatz und die irrationalen Grössen.

Die hohe wissenschaftliche Bedeutung des Pythagoras liegt vornämlich auf mathematischem Gebiete.[2]) Sind wir auch nicht in allem Einzelnen im Stande, dasjenige,

---

Versuch, das seltsame Bohnenverbot irgendwie zu begründen, mag derselbe nun von Plinius oder einem Andern herstammen. Diese Notiz mit dem obenerwähnten Zuge in dem Märchen von Anepu und Batau in Zusammenhang zu bringen, dürfte doch wohl sehr gewagt sein.

1) Es ist AV. 13, 1, 56 yaç ca gâm padâ sphurati pratyañ sûryam ca mehati || tasya vṛçcâmi te mûlam na châyâm karavo 'param ||.

2) Das alte Mathematikerverzeichniss sagt: „Nach diesen verwandelte Pythagoras die Beschäftigung mit diesem Wissenszweige in eine wirkliche Wissenschaft, indem er die Grundlage derselben von höherem Gesichtspunkte aus betrachtete und die Theoreme derselben immaterieller und intellektueller erforschte. Er ist es auch, der die Theorie des Irrationalen und die Construction der kosmischen Körper erfand.“ Vgl. Moritz Cantor, Vorlesungen über Geschichte der Mathematik. Bd. I, Leipzig 1880, p. 124.

was in der pythagoreischen Schule überhaupt gefunden und gelehrt wurde, bestimmt von demjenigen zu unterscheiden, was Pythagoras selbst erkannt oder doch zuerst in der griechisch-italischen Welt gelehrt und verkündigt, so bleibt doch eine Reihe hochbedeutsamer Errungenschaften bestehen, welche mit Sicherheit auf Pythagoras selbst zurückgeführt werden, mit seinem Namen untrennbar verbunden sind. Unter diesen verdient der bekannte, nach Pythagoras benannte Lehrsatz, und der mit Hülfe desselben gewonnene Begriff der irrationalen Grössen die erste Stelle einzunehmen.

„Die, welche Alterthümliches erkunden wollen," sagt Proklus, führten jenen Satz auf Pythagoras zurück. Und in dem alten Mathematikerverzeichniss wird von Pythagoras ausdrücklich hervorgehoben, dass er die Theorie des Irrationalen erfand, wobei der Satz von den Quadraten der drei Seiten des rechtwinkligen Dreiecks ihm nothwendig vorher bekannt sein musste. (Vgl. Cantor, Vorlesungen über Geschichte der Mathematik, Bd. I, p. 129. 130.) Es wird dem Pythagoras ferner von einer so gewichtigen Autorität wie dem alten Mathematikerverzeichniss die Construction der kosmischen Körper, d. h. der regelmässigen Vielflächner, zugeschrieben. Es ist weiter durchaus glaubwürdig (was neben andern Aristoxenus berichtet), dass er sich besonders um die Zahlenlehre verdient gemacht habe; speciell dann auch um die musikalische Zahlenlehre und um die arithmetische Unterabtheilung der Geometrie. (S. Cantor, a. a. O. p. 130.)

Bleiben wir zunächst bei dem sogenannten pythagoreischen Lehrsatz stehen.

„Wir haben uns — sagt Cantor in seinen Vorlesungen über Geschichte der Mathematik, p. 152 flg. — schon darüber ausgesprochen, dass wir für den Satz vom rechtwinkligen Dreieck Pythagoras selbst als den Entdecker betrachten. — — Der in Euklid's Elementen vorgetragene Beweis dagegen, derselbe Beweis, der auch heute noch der bekannteste ist, bei welchem die Quadrate über die drei Dreiecksseiten nach aussen hin gezeichnet werden und das Quadrat der Hypotenuse durch eine von der Spitze des rechten Dreieckswinkels auf die Hypotenuse gefällte gehörig verlängerte Senkrechte in zwei Rechtecke zerfällt, von denen jedes dem ihm benachbarten Kathetenquadrate flächengleich ist, dieser Beweis rührt nach Proklus ausdrücklicher Aussage von Euklid selbst her. Dass Plutarch den Satz vom rechtwinkligen Dreieck als Satz des Pythagoras kennt, wissen wir. (S. 145.) Der Rechenmeister Apollodotus oder Apollodorus, wie Diogenes Laertius denselben nennt, erzählt in Versen von dem Stieropfer, welches Pythagoras gebracht habe, als er den Satz von den Quadraten der Hypotenuse und der Katheten entdeckt hatte. Nicht wenige Schriftsteller sind in ihren Angaben bezüglich des Satzes in einer wesentlichen Beziehung genauer, indem sie den Namen des Pythagoras mit demjenigen rechtwinkligen Dreiecke in Verbindung bringen, dessen Seiten die Maasszahlen 3, 4, 5 besitzen. Am deutlichsten ist in dieser Beziehung Vitruvius, in dessen im Jahre 14 n. Chr. verfasster Architektur ausdrücklich berichtet wird, dass Pythagoras einen rechten Winkel mit Hülfe der drei Längenmaasse 3, 4, 5 zu construiren lehrte, und dass ebenderselbe erkannte, dass die Quadrate von 3 und von 4 dem von 5 gleich seien.[1]) Eine Plutarchstelle, in welcher dasselbe Dreieck besprochen wird,[2]) ist uns (S. 134) schon vorgekommen. Dasselbe Dreieck spielt in Platon's Staate eine Rolle. Und wenn wir auf ganz späte Zeiten zu dem Zwecke herabgehen dürfen, um mindestens zu zeigen, dass die Ueberlieferung der Ueberlieferung sich erhalten hat, so möchten wir als letzten Gewährsmann einen Glossator vom Anfange des XII. S. nennen, der vom pythagoreischen Dreiecke

1) Vitruvius IX, 2.
2) Plutarchus, de Iside et Osiride, 56.

redend das mit den Seiten 3, 4, 5, unter diesem Namen versteht." [1])

„Wir glauben nun, dass die Wahrheit, welche jener Ueberlieferung zu Grunde liegt, darin besteht, dass Pythagoras an dem Dreiecke 3, 4, 5 seinen Satz erkannte. „„Schwerlich leitete den Pythagoras das nach ihm benannte geometrische Theorem auf seine arithmetischen Sätze, sondern umgekehrt mögen ihn die Beispiele zweier Quadratzahlen, deren Summe wieder eine Quadratzahl ist, auf die Relation zwischen den Quadraten der Seiten eines rechtwinkligen Dreiecks aufmerksam gemacht haben."" [2]) So drückte sich ein deutscher Gelehrter bereits 1833 aus, welcher vermuthlich zuerst diese, wie wir glauben, richtige Anschauung von dem Entwicklungsgange sich aneignete. Pythagoras bemerkte, meinen wir, dass $9 + 16 = 25$ (S. 144). Als er diese unter allen Umständen interessante Bemerkung machte, kannte er bereits, gleichviel aus welcher Quelle, die Erfahrungsthatsache, dass ein rechter Winkel durch Annahme der Maasszahlen 3, 4, 5 für die Längen der beiden Schenkel und für die Entfernung der Endpunkte derselben construirt werde. Wir haben (S. 56) darauf hingewiesen, dass die Aegypter, (S. 92) dass die Babylonier vielleicht die gleiche Kenntniss besassen, dass die Chinesen ihrer sicherlich theilhaftig waren. Ein chinesischer Schriftsteller hat nämlich gesagt: „„Zerlegt man einen rechten Winkel in seine Bestandtheile, so ist eine die Endpunkte seiner Schenkel verbindende Linie 5, wenn die Grundlinie 3 und die Höhe 4 ist."" Die geometrische und die arithmetische Wahrheit vereinigten sich nun in dem Bewusstsein des Pythagoras zu einem gemeinschaftlichen Satze. Der Wunsch lag nahe, zu prüfen, ob auch bei anderen rechtwinkligen Dreiecken die Maasse der Seiten zu Quadratzahlen erhöht das gleiche Verhalten bieten. Die einfachste

---

1) Cantor, die römischen Agrimensoren und ihre Stellung in der Geschichte der Feldmesskunst. Leipzig. 1875. S. 156 u. Note 288.

2) So Iul. Fr. Wurm schon 1833 in Jahns Jahrbüchern IX, 62.

Voraussetzung war die des gleichschenklig rechtwinkligen Dreiecks, wo Höhe und Grundlinie gleich der Längeneinheit waren. Die Hypotenuse wurde gemessen. Sie war grösser als eine, kleiner als zwei Längeneinheiten. Die mannigfaltigsten Versuche mögen darauf angestellt, andere und andere Zahlenwerthe für die gleichen Katheten eingesetzt worden sein, um eine Zahl für die Hypotenuse zu erhalten. Vergebens. Man erhielt wahrscheinlich Zahlen, die dem gesuchten Maasse der Hypotenuse nahe kamen, Näherungswerthe von $\sqrt{2}$ würden wir heute sagen, aber es war noch ein Riesenschritt von der Fruchtlosigkeit der angestellten Versuche auf die aller Versuche überhaupt zu schliessen, und diesen Schritt vollzog Pythagoras."

„Er fand, dass die Hypotenuse des gleichschenkligen rechtwinkligen Dreiecks mit messbaren Katheten selbst unmessbar sei, dass sie durch keine Zahl benennbar, durch keine aussprechbar sei[1]; er entdeckte das Irrationale, worauf das alte Mathematikerverzeichniss ein so berechtigtes Gewicht legt. Er entdeckte es gerade an der Hypotenuse des gleichschenkligen rechtwinkligen Dreiecks, wie aus mehr als nur einem Umstande wahrscheinlich gemacht werden kann."

Weiter urtheilt Cantor a. a. O. p. 156. 157 über die Art, wie die Pythagoreer diesen Satz bewiesen haben dürften: „Wir haben oben gesagt, dass der heute gebräuchlichste Beweis des pythagoreischen Lehrsatzes von Euklid herrühre. Der in der pythagoreischen Schule selbst geführte muss von diesem verschieden gewesen sein. Er dürfte seiner Alterthümlichkeit entsprechend viele Unterfälle unterschieden haben und gerade vermöge dieser Weitläufigkeit auf's Gründlichste beseitigt worden sein, wie wir daraus schliessen dürfen, dass Proklus auch mit keiner Sylbe des Ganges des voreuklidischen Beweises gedenkt. Waren Unterfälle unterschieden, so ist die Wahrschein-

1) Die griechischen Namen Rationalzahl und Irrationalzahl sind ῥητόν und ἄλογον.

lichkeit vorhanden, die Beweisführung sei von dem gleichschenkligen rechtwinkligen Dreiecke ausgegangen und habe die Zerlegung des Quadrates durch seine Diagonalen zur Grundlage gehabt, wenigstens hat sich in Platon's Menon dieser Beweis des Sonderfalles erhalten. Wie der weitere Fortschritt zum Beweise des allgemeinen Satzes vollzogen wurde, darüber ist man in keiner Art unterrichtet. Die verschiedenen Wiederherstellungsversuche, so geistreich manche derselben sind, schweben alle so ziemlich in der Luft."

Fragen wir nun, was uns von indischer Geometrie erhalten ist, so muss zunächst bemerkt werden, dass die meisten, diesen Gegenstand behandelnden Schriften einer späten, nachchristlichen Zeit angehören. Eine Ausnahme hiervon machen nur die sogenannten Çulvasûtra's,[1]) welche jedenfalls in ein hohes Alterthum hinaufreichen. Die Çulvasûtra's bilden bestimmte Capitel der sogenannten Çrâuta- oder Kalpasûtra, deren Aufgabe es ist, das Opferritual übersichtlich darzustellen. Diese Çrâutasûtra's gehören noch zur vedischen Literatur und schliessen sich unmittelbar an die Brâhmaṇa's an, in welchen die Darstellung des Rituals mit allen möglichen Erörterungen, Speculationen, Legenden u. dgl. bunt durchsetzt war. Dieser Charakter der Brâhmaṇa's mochte wohl das Bedürfniss wecken nach Schriften, welche ohne Abschweifung lediglich das Ritual darstellen, und dies eben leisten die Çrâutasûtra's. Es sind uns eine ganze Reihe solcher Çrâutasûtra's erhalten, welche eben die Ritualbücher der verschiedenen vedischen Schulen bilden. Dieselben stimmen im Wesentlichen des Inhalts alle miteinander überein, wenn sie auch im Einzelnen, namentlich in der Form, im Ausdruck vielerlei Abweichungen auf-

1) Von çulva oder çulba = Schnur oder Strang; çulvasûtra also eigentlich = Schnurregeln. Man wird weiter unten sehen, welche Rolle in denselben das Messen mit einer Schnur oder einem Stricke spielt.

weisen. Einen besonders alterthümlichen Eindruck hat mir das sogenannte **Mânava-Çrâutasûtra**[1]) gemacht, das Ritualbuch der Mâitrâyaṇîya-Schule, deren Saṃhitâ wir oben aus Anlass des Bohnenverbotes citirt haben; der Schule, aus welcher auch das berühmte Gesetzbuch des Manu hervorgegangen ist. Sprache, Styl und Ton des Mânava-Çrâutasûtra sind von denen der Brâhmaṇa's kaum unterschieden, so dass wir dieses Werk noch in die Brâhmaṇa-Periode, resp. in die spätere Zeit dieser Periode setzen müssen, d. i. etwa in das 8. Jahrhundert vor Chr.[2]) Die andern Çrâutasûtra's sind nun mehr oder minder von diesem und unter sich verschieden. Das Charakteristische ist dabei, dass ein Sûtra um so kürzer, präciser und formelhafter im Ausdruck ist, je späterer Zeit es entstammt, während z. B. das Mânava-Çrâutasûtra noch vielfach ganz die behagliche Breite der Brâhmaṇa's aufweist. —

In diesen Çrâutasûtra's, deren älteste somit etwa im 8. Jahrhundert vor Chr. verfasst sein dürften, finden wir

1) Ich habe dasselbe in zwei Manuscripten der Münchener Hof- und Staatsbibliothek kennen gelernt. (Sammlung von Haug.)

2) Für diese Zeitbestimmung bemerke ich Folgendes. Die letzte Periode der vedischen Zeit, dem Buddhismus unmittelbar vorausgehend, ist die der Âraṇyaka's und ältesten Upanishaden, die Zeit, in welcher die Speculation über den Âtman-Brahman, über das All-Eine die Gemüther beherrschte, die Zeit, in welcher die Seelenwanderungslehre und der Glaube an den persönlichen Gott Brahman sich ausbildete. Wenn wir für diese Entwickelungsperiode **ein** Jahrhundert in Anspruch nehmen, so ist das sehr wenig. Das wäre das 7. Jahrhundert vor Chr., denn schon im 6. Jahrhundert erscheint der Buddhismus. Dieser Zeit der Âraṇyaka's und Upanishaden geht aber die bedeutsame Periode voraus, in welcher die riesenhaft umfangreiche Literatur der Brâhmaṇa's sich entwickelte, für welche ich das 8. und 9. Jahrhundert vor Chr. in Anspruch nehme, während ich die Entstehung der Saṃhitâ's des Yajurveda in das 10. Jahrhundert setze. Sind diese Schätzungen auch nur approximativ, so muss ich für dieselben doch dies beanspruchen, dass sie jedenfalls nicht zu hoch in der Zeit hinaufgehen, viel eher wohl zu niedrig angesetzt sein dürften.

nun bestimmte Capitel,[1]) in welchen die Regeln für die genaue Abmessung des Opferplatzes, der verschiedenen Altäre u. dergl. gegeben werden. Dies eben sind die ersterwähnten Çulvasûtra's, deren eigenthümlichen Charakter man ganz treffend als einen geometrisch-theologischen bezeichnet hat (Cantor, a. a. O. p. 540).

Es muss besonders hervorgehoben werden, dass keiner der Verfasser dieser Çulvasûtra's als der Erfinder der in denselben enthaltenen geometrischen Regeln und Sätze angesehen werden darf; Bâudhâyana, Apastamba und Kâtyâyana, die angeblichen Autoren des Bâudhâyana-Çrâutasûtra, Âpast. Çr. und Kâty. Çr., ebenso wenig als etwa ein Mânava, den man als Verfasser des Mânava-Çrâutasûtra und also auch des darin enthaltenen Çulvasûtra annehmen wollte. Alle diese Bücher, welche unter den angeführten Namen gehen, haben vielmehr wesentlich denselben Inhalt und überliefern bloss die allgemein gültigen Normen der Brahmanen für die Abmessung des Opferplatzes, der Altäre u. s. w. Es ist somit alte Priesterweisheit, die uns hier mitgetheilt wird, die geometrisch-theologische Wissenschaft der Brahmanen, für die wir keinen Verfasser nennen, nicht sicher angeben können, in wie hohes Alterthum ihre Erfindung gesetzt werden dürfte. So viel aber können wir sagen, dass diese Constructionen, diese Regeln in der, der Abfassung der Çrâutasûtra vorausgehenden, Zeit, in den Jahrhunderten, wo das Opfer und die Opferwissenschaft blühte, d. h. wohl im 10. bis 8. Jahrhundert vor Chr., aller Wahrscheinlichkeit nach beständig ausgeführt und angewandt wurden.[2]) In dieser Zeit müssen

1) Ich bemerke noch ausdrücklich, dass das Çulvasûtra in dem Mânava-Çrâutasûtra nicht etwa als einer der Anhänge oder Ergänzungen (Pariçishṭa) auftritt, sondern als ein reguläres Capitel (Cap. 10). Vgl. meine Ausgabe der Mâitrâyaṇî Saṃhitâ, Bd. 1, Einleitung, p. XLII.

2) In den Yajurveden, deren Entstehung wir bis in's 10. Jahrhundert hinaufrücken, werden die Altäre, um deren Construction

sich die betreffenden, in den Çulvasûtra's gegebenen Bestimmungen allmählich als die unverrückbar feststehenden Normen festgesetzt haben, an denen denn auch die Folgezeit mit Zähigkeit festhielt. Es liegt hier jedenfalls eine sehr alte geometrische Wissenschaft der Brahmanen vor.

Die Çulvasûtra's sind vor nicht langer Zeit trefflich bearbeitet durch den Indologen G. Thibaut,[1]) und ist ihr wesentlicher Inhalt sodann von Cantor in seinen Vorlesungen über Geschichte der Mathematik sehr schön und klar dargestellt und mit den griechischen Forschungen verglichen. Diese Darstellung will ich der Hauptsache nach im Folgenden vorzuführen suchen.

„Unter den auf die Errichtung von Altären bezüglichen Aufgaben — sagt Cantor p. 541 flg. — handelt es sich — — zunächst um deren Orientirung und deren genau rechtwinklige Herstellung. Die ostwestliche Linie, welche dabei abgesteckt werden muss, führt den Namen prâcî. — — Ist die Prâcî gefunden, so werden rechte Winkel abgesteckt, und zwar mit Hülfe eines Seiles. Die Länge dieser ostwestlich gezogenen Strecke sei 36 Pada's. An ihren beiden Endpunkten wird je ein Pflock in den Boden eingeschlagen. An diese Pflöcke befestigt man die Enden eines Seiles von 54 Pada's Länge, in welches zuvor, 15 Pada's von einem Ende entfernt, ein Knoten geschlungen wurde. Spannt man nun das Seil auf dem Erdboden, indem man den Knoten festhält, so entsteht ein rechter Winkel am Ende der Prâcî. Dass das Verfahren richtig ist, und auf dem rechtwinkligen Dreiecke von den Seiten 15, 36, 39, oder in kleinsten Zahlen ausgedrückt 5, 12, 13 beruht, ist einleuchtend. Einleuchtend ist aber auch, dass es in

es sich hier handelt, immerwährend genannt, wenn uns ja auch keine absolute Garantie damit gegeben ist, dass dieselben ganz in derselben Weise, wie später construirt wurden. Wahrscheinlich aber ist es doch.

1) The Çulvasûtra's by G. Thibaut. Reprinted from the Journal, Asiatic Society of Bengal, Part I for 1875. Calcutta 1875.

der Kenntniss des pythagoreischen Lehrsatzes wurzelt, dass es die Seilspannung genau in der gleichen Weise anwendet, wie Heron dieselbe benutzte, wie wahrscheinlich die altaegyptischen Harpedonapten bei Lösung der gleichen Aufgaben verfuhren.[1]) Man hat die Wahl; man kann annehmen, es sei die Art wie die Ostwestlinie abgesteckt wurde, wie der rechte Winkel auf dem Felde construirt wurde, von den Indern nach Westen gedrungen, oder von Alexandria aus nach Indien übertragen worden; man kann auch, bis die Aehnlichkeiten in geometrischen Verfahren und Begriffen mehr und mehr sich häufen, an zwei von einander unabhängige Erfindungen denken."

Nächst der richtigen Orientirung und Scharfkantigkeit des Altars hat dann seine Gestalt und sein Flächeninhalt die grösste Bedeutung. Die drei hauptsächlichen Feueraltäre, welche bei keinem grösseren Opfer schon in ältester Zeit fehlen dürfen, sind nun der Altar des sogen. Âhavanîya-Feuers (d. i. des Opferfeuers κατ' ἐξοχήν), der Altar des Gârhapatya oder des Hausfeuers und der des Dakshiṇa oder des Südfeuers. Der erste (Âh.) muss viereckige Gestalt haben, der zweite (Gârh.) kreisrunde, und der dritte (Daksh.) halbkreisförmige; dabei aber soll der Flächeninhalt aller drei Altäre der gleiche sein. Inmitten dieser drei Altäre befindet sich die sogen. Vedi, das Opferbett oder die Opferbank, wie das Petersburger Wörterbuch es bezeichnet, ein oberflächlich ausgegrabener und mit Streu belegter Platz, der die Stelle eines Altars vertritt.[2]) —

Ausserdem werden nun noch bei besonderen Opfern,

---

1) Dies ist eine Vermuthung, die Cantor p. 56 ausspricht.

2) Man kann sich das Gesagte an der von Hillebrandt, das altindische Neu- und Vollmondsopfer (Jena 1880) p. 191 gegebenen Zeichnung des altindischen Opferplatzes veranschaulichen. Es ist dort nur die Zeichnung des Dakshiṇa-Altars nicht ganz correct ausgefallen, wie H. selbst p. 196 bemerkt.

namentlich der sogen. Agniciti oder Schichtung des Feueraltars, Altäre von sehr eigenthümlichen, zum Theil höchst complicirten Formen gebildet, welche man aus einer Menge verschiedenartiger Backsteine zusammensetzt, die alle ihren Namen und ihre besondere Bedeutung haben. Wir werden darauf weiter unten zurückkommen. Für jetzt wenden wir uns wieder zu der Cantorschen Darstellung.

Es treten bei der Gestaltung der Altäre „zwei mathemathische Gesetze [1]) auf, jedes eine besondere Gruppe von Aufgaben erzeugend."

„Wird ein Altar von gegebener Gestalt vergrössert, so muss die Gestalt desselben in allen ihren Verhältnissen dieselbe bleiben. Man muss also erstens verstehen, eine geometrische Figur zu bilden, einer gegebenen ähnlich und zu derselben in gegebenem Grössenverhältnisse stehend."

„Die Fläche des Altars von normaler Grösse ist ferner ohne Rücksicht auf seine Gestalt stets dieselbe. Man muss also zweitens verstehen, eine geometrische Figur in eine andere, ihr flächengleiche zu verwandeln."

Dabei tritt nun das für uns Wichtigste klar hervor, dass die Brahmanen der vedischen Zeit den pythagoreischen Lehrsatz kannten und dass sie ihn nicht in der euklidischen, sondern in der Weise vorführten, wie ihn nach Cantor's vorausgehender Darstellung wahrscheinlich Pythagoras selbst erläuterte, — eine Thatsache von höchster Bedeutung und von entscheidender Wichtigkeit für die von uns verfolgte Frage.

Ich führe wieder die Stelle aus Cantor, der sich dabei beständig auf Thibaut stützt, wörtlich an (p. 543 flg.).

„Für die geometrische Ausziehung der Quadratwurzel giebt Bâudhâyana folgende Regeln: [2]) das Seil, quer über das gleichseitige Rechteck gespannt, bringt ein Quadrat

---

1) Thibaut, p. 5. Cantor, a. a. O. p. 542.
2) Thibaut, p. 7. 8. 9.

von doppelter Fläche hervor. Das Seil, quer über ein längliches Rechteck gespannt, bringt beide Flächen hervor, welche die Seile längs der grösseren und kleineren Seite gespannt hervorbringen. Diesen zweiten Fall erkenne man an den Rechtecken, deren Seiten aus 3 und 4, aus 12 und 5, aus 15 und 8, aus 7 und 24, aus 12 und 35, aus 15 und 36 Längeneinheiten bestehen."

„Das ist nun — fährt Cantor fort — offenbar der pythagoreische Lehrsatz, erläutert an Zahlenbeispielen. Das zuletzt genannte Dreieck mit den Katheten 15 und 36 ist vorher schon einmal in den kleineren Zahlen 12 und 5 genannt, offenbar ohne dass Bâudhâyana dieser Wiederholung sich bewusst war, ein Zeugniss dafür, dass er den Gegenstand seiner Darstellung nicht durchaus beherrschte, sondern mindestens theilweise Hergebrachtes vortrug, welches er nicht verstand. Der pythagoreische Lehrsatz ist aber nicht als einheitlicher Satz vorgetragen, sondern in zwei Unterfällen, je nachdem die beiden Katheten gleicher Länge sind oder nicht. Es ist wahrscheinlich (S. 157), dass Pythagoras bei dem Beweise seines Satzes ebenso verfuhr. Ferner tritt bei Bâudhâyana der pythagoreische Lehrsatz nicht an einem Dreiecke auf, sondern an durch die Diagonale getheilten Rechtecken. Genau dasselbe haben wir von Heron mittheilen müssen, der in der Geometrie wie in der Geodäsie das rechtwinklige Dreieck erst auf das Quadrat und das Rechteck folgen lässt und in den beiden Vierecken die Diagonale untersucht. Sollten auch diese Uebereinstimmungen rein zufällige sein?"

Die Frage ist berechtigt genug, und die erwähnten Thatsachen sind von grösster Tragweite. Indessen findet sich des Wichtigen und Merkwürdigen noch mehr. Wir lassen Cantor (p. 544) weiter fortfahren:

„Die Anwendung dieser Sätze in den Çulvasûtra's ist der doppelten Gattung von Aufgaben entsprechend, welche bei Herstellung eines Altars sich darbieten, eine doppelte. Es kann eine Strecke verändert werden sollen, so dass ihr Quadrat sich im Verhältnisse 1 : n vergrössert, es kann auch eine Figur in eine andere gleichen Inhaltes umgewandelt werden sollen. Die Auffindung der Seite eines 2, 3, 10, 40 mal so grossen Quadrates, als ein gegebenes ist, geschieht durch allmähliche, sich wiederholende Anwendung des pythagoreischen Lehrsatzes, indem von dem gleichschenklig rechtwinkligen Dreiecke ausgegangen und die Hypotenuse eines Dreiecks immer als die eine Kathete eines folgenden Dreiecks benutzt wird, dessen andere Kathete der des zuerst betrachteten Dreiecks gleich ist. Dabei erscheinen Namen für $\sqrt{2}$, $\sqrt{3}$ u. s. w., gebildet durch Zusammensetzung der Zahlwörter mit dem von uns früher (S. 527) erörterten Worte karaṇa,[1]) also dvikaraṇî $= \sqrt{2}$, trikaraṇi $= \sqrt{3}$, daçakaraṇî $= \sqrt{10}$, catvariṃçatkaraṇi $= \sqrt{40}$ u. s. w.“

Dies ist wiederum von höchstem Interesse, denn es tritt uns hier in den Çulvasûtra's deutlich das Irrationale entgegen, dessen Erfindung die Griechen ebenfalls dem Pythagoras zuschreiben.

Interessant ist ferner die Auffindung des einem Rechtecke gleichen Quadrates bei Bâudhâyana,[2]) „weil sie nur des pythagoreischen Lehrsatzes sich bedient, dagegen von Anwendung des Hülfsmittels, welches im 14. Satze des II. Buches der euklidischen Elemente geboten ist, d. h. von der Fällung einer Senkrechten aus einem Punkte einer Kreisperipherie auf den Durchmesser, absieht.“ [3])

Wir sehen also hier wieder gerade den pythagoreischen Lehrsatz eine hervorragende Rolle spielen. Es sei dazu bemerkt, dass bei dieser Methode auch die Verwandlung eines Rechtecks in einen Gnomon vorkommt (Cantor, p. 545).

Endlich bringt die Forderung, dass der runde Altar dem viereckigen an Flächeninhalt gleich sein solle, auch das Problem der Quadratur des Kreises oder, wie Cantor

1) Thibaut, p. 16.
2) Thibaut, p. 19.
3) Vgl. Cantor, p. 544. 545.

hier sagt, der Circulatur des Quadrates zur Behandlung, und auch hierbei zeigen sich nun die interessantesten Berechnungen.

Am Schlusse seiner Darlegung sagt Cantor: „So haben sich uns bei Durchmusterung der Çulvasûtra's der Berührungspunkte zwischen indischer und alexandrinischer Geometrie mehr und mehr dargeboten. Da war es die Anwendung der Seilspannung bei praktisch feldmesserischen Operationen, da war es die Benutzung des pythagoreischen Lehrsatzes und zwar vom Rechtecke ausgehend, da war es die Figur des Gnomon, da waren es hauptsächlich einige Näherungswerthe wie $\sqrt{2} = \frac{17}{12}$, $\sqrt{3} = \frac{26}{15}$, $\pi = 3$, welche einen Zusammenhang der beiderseitigen Entwickelungsweisen der Geometrie über die blosse Möglichkeit weit erhoben." [1])

Cantor meint nun, da er über die Zeit der Çulvasûtra's ganz ungenügend berichtet ist, „es sei die alexandrinische Geometrie in einer Zeit, die später liegt als das Jahr 100 vor Chr. nach Indien eingedrungen" (p. 548; vgl. auch p. 540). Dies ist nach den von uns oben gegebenen chronologischen Darlegungen absolut unmöglich. Wir können dem hochverdienten Forscher aus diesem Irrthum nicht den geringsten Vorwurf machen, [2]) müssen uns aber auf's Entschiedenste gegen die Einbürgerung desselben verwahren. Auf die spätere indische Geometrie, von der wir erst etwa von dem 4. Jahrh. nach Chr. an Denkmäler besitzen, hat unzweifelhaft griechische Wissenschaft die bedeutendsten Einflüsse geübt; die Werke der indischen Astronomen und Mathematiker von jener Zeit an zeigen dies schon durch die Aufnahme einer ganzen Reihe griechischer Termini auf das Deutlichste. Von einer Beeinflussung der vedischen Çulvasûtra's durch Hero

1) Cantor. p. 548.

2) Derselbe trifft vielmehr die Indologen, welche diesen Punkt nicht hinlänglich klar gelegt haben.

von Alexandria (um 215 vor Chr.), wie sie Cantor (p. 549) annimmt, kann aber unsrer Meinung nach gar nicht die Rede sein. Die Çulvasûtra's und jene spätere indische Geometrie müssen auf das Strengste auseinander gehalten werden. Es liegt zwischen ihnen ein Zeitraum von mehr als tausend Jahren!

Halten wir die gewonnenen Resultate zusammen, so werden wir über den Schluss, der aus denselben zu ziehen ist, nicht zweifelhaft sein können.

Die alte priesterliche Geometrie der Inder kannte nicht nur den pythagoreischen Lehrsatz, sondern derselbe spielte in ihren Berechnungen sogar die Hauptrolle, mit seiner Hülfe machen sie zum Theil Constructionen, welche die Griechen auf ganz andre Weise finden; mit seiner Hülfe finden sie dann auch schon die irrationalen Grössen. Und gerade dies Beides hat Pythagoras in der griechisch-italischen Welt eingebürgert, dies Beides hat er nach der Meinung der Griechen erfunden. Ja, noch mehr! Auch die Art, wie Pythagoras seinen Lehrsatz bewies, war aller Wahrscheinlichkeit nach dieselbe, welche wir in den vedischen Çulvasûtra's vorfinden.[1]) (Vgl. oben p. 49. 50.)

Wir hätten nach Durchmusterung der Çulvasûtra's sagen können: Wenn Pythagoras wirklich, wie wir früher wahrscheinlich gemacht, in Indien war und sich in die priesterliche Weisheit der Brahmanen einweihen liess, dann hätte er an geometrischer Wissenschaft gerade diese Sätze nach Griechenland bringen können; — und dass dies wirklich der Fall gewesen, sagt uns die Geschichte nun schon seit mehreren Jahrtausenden!

In welch ein andres Licht treten so die Anfänge der griechischen Geometrie, wie verständlich wird das, was bisher kaum sich erklären liess! Wie unvermittelt erschien plötzlich Pythagoras mit seinem Lehrsatz und seinen

1) Ich mache ausdrücklich darauf aufmerksam, dass Cantor zu diesem Ergebniss kommt, ohne dass er an die Möglichkeit denkt, Pythagoras könnte seinen Beweis von den Indern haben.

irrationalen Grössen in der griechisch-italischen Welt! Wie anders nimmt es sich aus, wenn wir erkennen, dass er diese Errungenschaften aus einer fernen Culturwelt nach Griechenland verpflanzte! Und wie verständlich ist es, dass gerade die Inder zu diesen Erkenntnissen gelangen konnten!

Wer mit jener Epoche der indischen Culturgeschichte vertraut ist, die sich etwa vom 10. bis zum 8. Jahrhundert vor Chr. erstreckt, der und eigentlich der allein vermag es ganz zu ermessen, welch eine Rolle zu jener Zeit das Opfer mit seinen unzähligen Details im Geistesleben der Inder spielte. Das gesammte Sinnen und Trachten eines hochbegabten Volkes ist in diesen Jahrhunderten auf das Opfer, seine Vorbereitung und Ausführung gerichtet. Die umfangreiche Literatur, die als Zeuge jener Zeiten zu uns redet, handelt vom Opfer und immer nur vom Opfer. Dem Opfer in allen seinen Einzelheiten wird die höchste Bedeutung beigelegt, die Kraft Götter und Welten zu zwingen, Natur und Menschen zu beherrschen. Wunderbare, übernatürliche Macht wohnt ihm inne, und selbst die Kosmogonie geht auf das Opfer zurück, aus Opfern sind alle Welten und Wesen, alle Götter und Menschen, Thiere und Pflanzen entstanden. Gelangen die Inder hier auch schliesslich zu den grössten Absurditäten und wird ein gesunder Sinn sich auch mit diesen Speculationen nie befreunden, so erkennt man doch, welche Bedeutung gerade diese Tendenz des indischen Denkens für unsere Frage hat; — geht sie ja doch deutlich hervor aus einer grenzenlosen, kein Maass mehr kennenden Hochschätzung des Opfers und seiner Bedeutung. Das Ceremoniell der Opfer, wie es uns schon die Yajurveden (im 10. Jahrh.) zeigen, ist ein ungeheuer complicirtes und die kleinste Aeusserlichkeit wird mit einem Nimbus von Wichtigkeit umgeben, der für uns nicht selten an das Lächerliche streift. Die Vorbereitungen zum Opfer, die Fertigstellung des Opferplatzes, der mannigfaltigen Geräthe und Utensilien spielt dabei eine hervorragende Rolle, ist schon an sich mit einer erdrückenden Masse ceremonieller Einzelheiten belastet und nimmt oft lange Zeiträume in Anspruch. Dabei ist natürlich die Construction der Altäre von der allerhöchsten Bedeutung. Jede Linie, jeder Punkt, jedes Formverhältniss war hier von entscheidender Wichtigkeit und konnte nach dem indischen Glauben jener Zeit, je nachdem es ausgeführt war, Segen oder Unheil bringen. Ueber die Gestalt und Grösse der Altäre, ihr Verhältniss zu einander und zu ihren einzelnen Theilen, zu den mannigfachsten abstracten Begriffen, ihren tieferen Werth und symbolische Bedeutung und die richtige, nicht bloss gottgefällige, sondern selbst Götter zwingende Art ihrer Herstellung haben Generationen eines hochbegabten, für Speculation und Abstraction und namentlich auch für rechnerische Leistungen sehr beanlagten Volkes gegrübelt und immer wieder gegrübelt. Und dass solch angestrengteste Geistesarbeit von Generationen, immer wieder und wieder auf denselben Punkten bohrend, zu Erkenntnissen über die in Frage kommenden Raumverhältnisse gelangen konnte, wie wir sie oben entwickelt haben, das wird uns durchaus begreiflich erscheinen, während es uns stets unverständlich bleiben müsste, wie ein einzelner Mann, sei er auch genial begabt, was von Pythagoras noch zweifelhaft sein dürfte,[1]) plötzlich diese Gedanken zu fassen vermochte.

Wir stehen also nicht an mit der Behauptung, Pythagoras habe, als er sich mit der Weisheit der Brahmanen bekannt machte, als er die Seelenwanderungslehre, das Fleisch- und Bohnenverbot kennen lernte, sich auch aus der heiligen vedischen Opfergeometrie jene Sätze angeeignet, die ihn mit Recht in der Geschichte der Mathematik berühmt gemacht haben.[2])

1) Vgl. das Urtheil des Heraklit über ihn.

2) Ich will — was mir nicht unwichtig scheint — bei dieser Gelegenheit noch bemerken, dass, wie aus Cantor's Darstellung hervorgeht, weder bei den Aegyptern noch bei den Babyloniern

Ueber die ihm zugeschriebene Erkenntniss der fünf kosmischen Körper kann ich erst im folgenden Capitel, im Zusammenhang mit der Lehre von den fünf Elementen eine Vermuthung geben.

Es läge nun nicht fern, die Frage aufzuwerfen, ob Pythagoras nicht auch arithmetische Kenntnisse aus Indien nach Griechenland mitgebracht. Man weiss, welche Rolle gerade die Zahlen im System des Pythagoras spielen, wie er beständig mit ihnen operirt, wie sie ihm die höchste, mystische und symbolische Bedeutung haben. Er ist in der Zahlenlehre aber auch wissenschaftlich sehr bedeutend. Ja, schon Aristoxenus sieht in der Arithmetik gerade die wesentlichste Leistung des Pythagoras,[1]) und Cantor kommt bei der Besprechung der diesbezüglichen Leistungen des Pythagoras zu dem Schlusse: „Solche arithmetische Kenntnisse setzen eine ganze lange Vorgeschichte voraus" (a. a. O. p. 141. Vgl. dann namentlich auch noch p. 158).

Nun ist es bekannt, dass die Inder gerade für die Arithmetik genial beanlagt waren. Während Cantor die Griechen das vorzugsweise geometrische Volk nennt, sagt er von den Indern, dass wir an ihnen „die vorzugsweise rechnerische Begabung zu bewundern haben". „Bei ihnen ist dem entsprechend muthmaasslich die Heimath einer staunenerregenden Entwicklung der Rechenkunst zu suchen." Die Algebra entwickelte sich bei den Indern „zu einer Höhe, die sie in Griechenland niemals zu erreichen vermocht hat." (Cantor, p. 511.) Den Indern verdankt die Welt das System der Ziffern, welche wir die arabischen nennen, welche aber die Araber selbst in gerechter Dankbarkeit gegen ihre Lehrmeister die indischen

---

der pythagoreische Lehrsatz und der Begriff der irrationalen Grössen sich hat nachweisen lassen. Sogar die Construktion des rechten Winkels durch das Dreieck mit den Seiten 3, 4, 5 wird diesen Völkern nur ganz vermuthungsweise zugeschrieben. (Vgl. Cantor, p. 56 u. 92.)

1) S. Cantor, p. 133.

Zeichen nannten. Das Zifferrechnen ist indischen Ursprungs (s. ebenda). Welche Bedeutung diese Errungenschaften für die gesammte Cultur erlangt haben, wäre überflüssig näher zu erläutern.

Wie stand es aber mit den arithmetischen Leistungen der Inder zur Zeit des Pythagoras und vorher? Hierfür fehlen uns leider alle sicheren Anhaltspunkte. Es sind uns keine Schriften der Art erhalten. Die Arithmetik hatte nicht das Glück, wie die Geometrie, in einer bestimmten Beziehung zu Opfer und Gottesdienst zu stehen. Aus jener vorbuddhistischen, vedischen Periode der indischen Geschichte sind uns aber nur Schriften, die auf das religiöse Leben Bezug haben, erhalten. Wohl werden wir nach der allgemeinen, nicht unbedeutenden Höhe, welche die Cultur in Indien damals schon erreicht hatte, es unbedingt für sehr wahrscheinlich halten müssen, dass ein Volk, welches gerade rechnerisch so unzweifelhaft begabt war, auch damals schon eine gewisse Höhe in dieser Hinsicht erreicht hatte, — aber sichere Behauptungen können wir darüber nicht aufstellen.

Wenn uns aber die geschichtlichen Dokumente im Stich lassen, darf die Sage ein Recht beanspruchen, wenigstens gehört zu werden.

Ich lasse wiederum die schon öfters angeführte mathematische Autorität reden:

„Ist schon an und für sich zu vermuthen, dass das Rechnen mit ganzen Zahlen historisch weit hinaufreiche, so ist es sagenmässig, und zwar an sehr grossen Zahlen geübt, bis in die Jugendzeit des Reformators der indischen Religion zurückzuverfolgen. Der Lalitavistara, dessen Abfassungszeit freilich durchaus unbekannt ist, beschäftigt sich mit der Jugend des Bodhisattva. Er bewirbt sich bei Daṇḍapâṇi um dessen Tochter Gopâ, deren Hand ihm aber nur unter der Bedingung zugesagt wird, dass er einer Prüfung in den wichtigsten Künsten sich unterziehe. Die Schrift, der Ringkampf, das Bogenschiessen, der Sprung, die Schwimmkunst, der Wettlauf, vor Allem aber die Rechenkunst liefert den Inhalt dieser von dem Jünglinge mit glänzendem Erfolge bestandenen Prüfung. In der Arithmetik erweist er sich sogar geschickter als der weise Arjuna und giebt Zahlennamen an bis zu tallakshaṇa d. i. eine 1 mit 53 Nullen Das sei aber nur ein System, und über dieses System gehen noch fünf oder sechs andere hinaus, deren Namen er gleichfalls angiebt. Jetzt fragt man ihn, ob er die Zahl der ersten Elementartheilchen berechnen könne, welche aneinandergelegt die Länge eines Yojana erfüllen, und er berechnet die Zahl mittels folgender Verhältnisszahlen: 7 Elementartheilchen geben ein sehr feines Stäubchen, 7 davon ein feines Stäubchen, 7 davon ein vom Winde aufgewirbeltes Stäubchen, 7 davon ein Stäubchen von der Fussspur des Hasen, 7 davon ein Stäubchen von der Fussspur des Widders, 7 davon ein Stäubchen von der Fussspur des Stieres, deren 7 auf einen Mohnsamen gehen; 7 Mohnsamen geben einen Senfsamen, 7 Senfsamen ein Gerstenkorn, 7 Gerstenkörner ein Fingergelenk; 12 von diesen bilden eine Spanne, 2 Spannen eine Elle, 4 Ellen einen Bogen, 1000 Bögen einen Kroça, deren endlich 4 auf einen Yojana gehen. Letzterer besteht also in unserer modernen Schreibweise aus $7^{10}.32.12000$ Elementartheilchen, d. h. aus 108470495616000 solcher Theilchen. Wenn nun auch die im Lalitavistara angegebene Zahl von dieser richtigen abweicht, so hat nachgewiesen werden können,[1] dass eine Entstehung der falschen Zahl aus der richtigen wahrscheinlich sei, und es ist auch die stoffliche Verwandtschaft der Aufgabe zur Sandrechnung des Archimed gebührend hervorgehoben worden.

Müssen wir es nach alledem im Allgemeinen für entschieden wahrscheinlich halten, dass die Inder im 6. Jahrhundert vor Chr. schon eine nicht geringe Höhe der arithmetischen Leistung erstiegen haben dürften, so er-

1) Woepcke im Journal Asiatique für 1863 p. 260—266.

scheint es möglich, dass Pythagoras auch seine arithmetischen Kenntnisse hier sich angeeignet. Eine zuversichtliche Behauptung ist hier aber nicht statthaft, und wir wollen nicht mehr behaupten, als wir beweisen können.[1])

Cap. IV.

Die Lehre von den fünf Elementen.

In der Schule des Pythagoras begegnen wir der Lehre, dass die gesammte Körperwelt aus fünf Elementen zusammengesetzt sei. Diese Lehre findet sich bereits bei Philolaus, von dem es ausdrücklich bezeugt ist, dass er der erste Pythagoreer gewesen, der ein philosophisches Werk veröffentlicht habe, vor ihm seien keine pythagoreischen Schriften bekannt gewesen; Pythagoras selbst soll nichts geschrieben haben, auch Hippasus nicht (Zeller a. a. O. p. 260). Bei Philolaus finden wir die fünf Elemente in einer eigenthümlichen Beziehung zu den fünf regelmässigen Körpern, deren Erfindung, wie wir früher bemerkt haben, dem Pythagoras zugeschrieben wurde. „Von den fünf regelmässigen Körpern wies er (d. h. Philolaus) der Erde den Kubus zu, dem Feuer den Tetraëder, der Luft den Oktaëder, dem Wasser den Ikosaëder, dem fünften, alle übrigen umfassenden Elemente den Dodekaëder,[2])

1) Man vgl. übrigens auch noch weiter unten die Ausführungen über die Sâṃkhya-Philosophie und die über die Zahlenmystik und -Symbolik.

2) Zeller, p. 376. Ich setze auch die Belegstelle nach Zeller ebenda Anm. 3 hierher: B. Stob. 1,10 (Böckh Philol. 160): καὶ τὰ ἐν τῷ σφαίρᾳ σώματα (die fünf regelmässigen Körper) πέντε ἐντί · τὰ ἐν τᾷ σφαίρᾳ (die Körper in der Welt, Heeren und Meineke wollen diese Worte streichen) πῦρ ὕδωρ καὶ γᾶ καὶ ἀὴρ καὶ ὁ τᾶς σφαίρας ὅλκας πέμπτον (So Cod. A, Böckh u. a. wollen ἁ τ. σφ. ὁλκὰς, Meineke ἁ τ. σφ. κυκλὰς, Schaarschmidt Fragm.

d. h. er nahm an, dass die kleinsten Bestandtheile dieser verschiedenen Stoffe die angegebene Gestalt haben.“ [1])

Dieses fünfte, alle übrigen umfassende Element ist der Aether.

Dass die Annahme dieser fünf Elemente nicht Philolaus allein angehört, — was schon von vornherein durchaus unwahrscheinlich sein dürfte, — lehrt zur Genüge noch der Umstand, „dass unter den Schülern Plato's alle die, welche sich enger an den Pythagoreismus anschlossen, so weit wir über sie in dieser Beziehung unterrichtet sind, den vier Elementen den Aether als fünftes beifügten.“ (Zeller, a. a. O. p. 377 Anm. Vgl. auch ebenda p. 265 Anm.) Er findet sich „ausser der Epinomis nämlich auch bei Speusippus und Xenokrates, und bei Plato selbst in seinen späteren Jahren“ [2]) (a. a. O. p. 265 Anm.).

Darnach werden wir es, wie ich glaube, durchaus für wahrscheinlich halten müssen, dass diese schon in der altpythagoreischen Schule, so weit wir sie hinauf verfolgen können, geltende Lehre von den fünf Elementen auf Pythagoras selbst zurückgehe, von dem ja auch ausdrücklich bezeugt ist, dass er die fünf regelmässigen Körper erfunden habe, die hier in eine so wichtige Beziehung zu den

---

d. Philol. S. 50 ὁ τ. σφ. ὄγκος, oder auch ἁ . . . ὁλότας. Heeren τ. σφ. ὅλκος, was den Aether als das die Weltkugel fortziehende, Bewegende bezeichnen soll, vielleicht ist ὁ τ. σφ. κύκλος, oder τὸ τ. σφ. ὅλας zu lesen). Plut. Plac. II, 6, 5 (Stob. 1, 450. Galen, c. 11): Πυθαγόρας πέντε σχημάτων ὄντων στερεῶν, ἅπερ καλεῖται καὶ μαθηματικά, ἐκ μὲν τοῦ κύβου φησὶ γεγονέναι τὴν γῆν, ἐκ δὲ τῆς πυραμίδος τὸ πῦρ, ἐκ δὲ τοῦ ὀκταέδρου τὸν ἀέρα, ἐκ δὲ τοῦ εἰκοσαέδρου τὸ ὕδωρ, ἐκ δὲ τοῦ δωδεκαέδρου τὴν τοῦ παντὸς σφαῖραν. — Meine Vermuthung über das eigenthümliche ὅλκας s. weiter unten.

1) Dass diese Auffassung die richtige sei, zeigt Zeller, a. a. O. p. 376 Anm. 4.

2) Zeller polemisirt mit Recht p. 264. 265 Anm. gegen Schaarschmidt, der die fünf Elemente nicht für altpythagoreisch anerkennen will und der Meinung ist, dass erst Aristoteles den 4 Elementen des Empedokles den Aether als fünftes hinzugefügt habe.

fünf Elementen gesetzt werden. Somit erscheint es mir nicht unwahrscheinlich, dass Plutarch der Hauptsache nach Recht hat, wenn er in der oben angeführten Stelle (p. 60 Anm.) sagt, Pythagoras habe die Erde aus dem Kubus, das Feuer aus der Pyramis, die Luft aus dem Oktaëder, das Wasser aus dem Ikosaëder, das fünfte Element aus dem Dodekaëder entstehen lassen. Zeller ist freilich nicht dieser Meinung. Er sagt, es liesse sich nach den geschichtlichen Zeugnissen als solchen nicht entscheiden, „ob diese philolaische Ableitung der Elemente schon den Früheren oder erst Philolaus angehört, und ob, im Zusammenhang damit, die vier Elemente von den Pythagoreern, unter Beseitigung des fünften, zu Empedokles, oder umgekehrt von Empedokles, unter Beifügung desselben, zu den Pythagoreern gekommen sind.“ [1]) „Anderweitige Gründe sprechen aber für die zweite von diesen Annahmen. Denn theils setzt die Theorie des Philolaus schon eine zu hohe Ausbildung des geometrischen Wissens voraus, als dass wir sie für sehr alt halten könnten, theils werden wir auch später noch finden, dass Empedokles der erste war, welcher den strengeren Begriff der Elemente aufstellte, und ihre Vierzahl behauptete. Diese Construction ist daher wahrscheinlich auf Philolaus zurückzuführen.“

Gegen diese Beweisführung möchte ich zunächst bemerken, dass die vorausgesetzte hohe Ausbildung des geometrischen Wissens, d. i. die Kenntniss der fünf regelmässigen Körper von den Alten ausdrücklich schon dem Pythagoras zugeschrieben wurde, was denn auch Cantor in seinen Vorlesungen über Geschichte der Mathematik, insbesondere gestützt auf das alte Mathematikerverzeichniss, als Thatsache annimmt (p. 147). Den Begriff der Elemente mag Empedokles immerhin strenger gefasst haben, — ich vermag das nicht zu verfolgen —, das schliesst

1) Empedokles war nach Zeller's Annahme einige Jahrzehnte älter als Philolaus. S. ebenda p. 265 Anm.

aber nicht aus, dass von Elementen auch früher schon geredet wurde; dass Empedokles die Vierzahl der Elemente zuerst behauptete, wollen wir durchaus nicht bestreiten; er kann eben, wie Zeller unmittelbar vorher als möglich hinstellt, das fünfte Element der Pythagoreer, jenen der Sinnenwelt so ziemlich entrückten Aether, davon gestrichen haben.

Empedokles knüpft „bei pythagoreischer Lebensweise und Theologie als Philosoph an Parmenides an"; er „tritt ebendamit aus dem Zusammenhang der pythagoreischen Schule heraus und wird zum Urheber einer eigenthümlichen Theorie" (Zeller, p. 444). Aus der Schule des Pythagoras hat er den Glauben an eine Seelenwanderung, das Verbot des Fleisches und der Bohnen beibehalten (Zeller, p. 729. 731 flg.). Bei diesem Verhältniss ist es schon im Allgemeinen viel wahrscheinlicher, dass er etwas Pythagoreisches bewahrte, als dass die Pythagoreer etwas von ihm gelernt hätten. Nimmt man nun noch hinzu die Thatsache, dass alle diejenigen Schüler Plato's, welche auf den Pythagoreismus zurückgingen, den Aether als fünftes Element lehrten, so wird man, wie ich glaube, sich schwer der Einsicht verschliessen können, dass die Lehre von den fünf Elementen: Erde, Feuer, Wasser, Luft und Aether — eine in der pythagoreischen Schule allgemein schon in ältester Zeit vorgetragene war und dass sie somit aller Wahrscheinlichkeit nach auf Pythagoras selbst zurückgeht.

Mit diesem Resultat trifft nun in überraschender Weise die Thatsache zusammen, dass die Annahme der fünf Elemente: Erde, Feuer, Wasser, Luft und Aether sich bei den Indern als eine ganz allgemein verbreitete, nicht etwa auf den engen Kreis einer bestimmten Schule beschränkte vorfindet.

Die Vorstellung von den fünf Elementen ist den Indern eine so geläufige, dass es ganz gebräuchlich ist, von einem Gestorbenen zu sagen: Er ist in die Fünfheit eingegangen (pañcatvaṃ gataḥ, pañcatvam âpannaḥ, pañcatvam upapedivân; pañcatâṃ yayâu, pañcatâṃ gataḥ, prâpa pañcatâm u. dgl.), d. h. sein Körper hat sich in die fünf Elemente aufgelöst. In den besten Dichtungen, wie z. B. im Râmâyaṇa begegnet uns wiederholt dieses: pañcatvaṃ gataḥ, pañcatvam upapedivân, er ist in die Fünfheit eingegangen. Die „Fünfheit" wird geradezu in den Wörterbüchern durch „Auflösung in die fünf Elemente, Tod" übersetzt. (Vgl. z. B. das Petersburger Wörterbuch.)

Wie allgemein muss sich die Annahme der fünf Elemente festgesetzt haben, wenn die Entstehung solcher Wendungen in der gewöhnlichen wie in der dichterischen Sprache möglich war!

Schon Max Müller bemerkte in seinen „Beiträgen zur Kenntniss der indischen Philosophie," dass die fünf Elemente bereits in den Brâhmaṇa's vorkommen, wenn er auch hinzusetzt, erst die Philosophie habe diese Idee der Fünfheit systematisch ausgeführt.[1]) Wir können mit Sicherheit voraussetzen, dass die dem Buddhismus vorausgehende und nach alter Tradition ihn beeinflussende Sâṃkhya-Philosophie des Kapila, von der uns leider keine directen Dokumente erhalten sind, die fünf Elemente ebenso gelehrt habe, wie wir dies von der späteren Sâṃkhya-Philosophie wissen. Nach der auf den besten alten Quellen beruhenden Darstellung Oldenberg's soll Buddha gesagt haben: „Sechs Elemente giebt es, ihr Jünger, das Element der Erde, das Element des Wassers, das Element des Feuers, das Element der Luft, das Element des Aethers, das Element des Bewusstseins." Von dem Bewusstsein aber heisst es, dass der Stoff, aus dem es gemacht ist, gleichsam in seiner eigenen Welt wohnt. „Das, was am sterbenden Menschen —

1) Ztschr. d. d. Morg. Ges., Bd. VI, p. 19, Anm. 4.

fährt Oldenberg fort — aus diesem höchsten irdischen Elemente, dem Bewusstseinselement gebildet ist, wird in dem Augenblick, wo das alte Wesen stirbt, zum Keim eines neuen Wesens; im Mutterleibe sucht und findet dieser Bewusstseinskeim die materiellen Stoffe, aus denen er ein neues, in Namen und Körperlichkeit ausgeprägtes Dasein findet." [1])

„Aus dem Bewusstsein — so lehrt Buddha — entsteht Name und Körperlichkeit.“ (Old., p. 233.) „Bewusstsein muss da sein, damit Name und Körperlichkeit sei, von dem Bewusstsein kommt Name und Körperlichkeit.“ — „Name und Körperlichkeit muss da sein, damit Bewusstsein sei, von Namen und Körperlichkeit kommt Bewusstsein. Da gedachte, ihr Jünger, der Bodhisattva Vipassi also: Zurücklaufend hängt das Bewusstsein von Namen und Körperlichkeit ab; die Reihe geht nicht weiter." Und der angesehenste von Buddha's Jüngern, Sâriputta, soll gesagt haben: „Wie, o Freund, zwei Bündel von Ried gegen einander gelehnt stehen, so auch, Freund, entsteht Bewusstsein aus Namen und Körperlichkeit, Name und Körperlichkeit aus dem Bewusstsein."

„Es „„entsteht““ daraus — fügt Oldenberg erläuternd hinzu — dies soll nicht besagen, dass das Bewusstsein das Element ist, aus welchem Name und Körperlichkeit gemacht ist; es heisst nur, dass das Bewusstsein die formende Kraft ist, welche aus den materiellen Elementen ein Wesen, das einen Namen trägt und mit einem Körper bekleidet ist, entstehen lässt." [2])

Man sieht, wie scharf hier das Bewusstsein — der Körperlichkeit, dem Materiellen gegenübergestellt ist. Für diese letzteren bleiben eben nur die von Buddha zuerst genannten fünf Elemente — Erde, Wasser, Feuer, Luft

1) Oldenberg, Buddha p. 234. Vgl. über den eigenthümlichen Begriff „Name und Körperlichkeit“ ebenda p. 233 und den zugehörigen Excurs.

2) Oldenberg, Buddha. p. 235. 236.

und Aether — übrig, welche Buddha sicherlich, wie so manche andere Begriffe (cf. Oldenberg p. 233), aus der älteren brahmanischen Speculation überkommen hatte.

Wir werden darnach, glaube ich, nicht daran zweifeln können, dass die Zerlegung der materiellen Welt in die fünf Elemente bei den Indern im 6. Jahrhundert vor Chr., aller Wahrscheinlichkeit nach wohl schon im 7. Jahrhundert vor Chr. bekannt war. Sie wird uns nachher für das 4. Jahrhundert vor Chr. durch Megasthenes bezeugt,[1]) und ist meines Wissens in der indischen Speculation überhaupt die allgemein verbreitete; sie wird dann endlich zur ganz geläufigen Vorstellung, die sich in Redewendungen der gewöhnlichen wie der dichterischen Sprache einbürgert.

Wir sehen uns unmittelbar zu dem Schlusse gedrängt, dass Pythagoras die Lehre von den fünf Elementen, die die materielle Welt zusammensetzen, ebenso wie seine Seelenwanderungstheorie, seine mathematischen Sätze u. s. w. von den Indern übernommen und nach Griechenland hinübergebracht hat.[2])

Es drängt sich hier die Frage auf, ob nicht am Ende auch die eigenthümliche Beziehung, in welche schon bei den ältesten Pythagoreern, vermuthlich schon von Pythagoras selbst, die fünf Elemente zu den fünf regelmässigen Körpern gesetzt werden, die eben deshalb kosmische Körper genannt werden und deren Erfindung dem Pythagoras zugeschrieben wird, indischen Ursprungs sein könnte. Leider ist es mir nicht bekannt, ob man irgend welchen sichern Anhalt hat, die Kenntniss der fünf regelmässigen Körper für das indische Alterthum anzunehmen. Wohl hätte sich

---

1) Megasth. Fragm. XLI, 17 (ed. Schwanbeck): πρὸς δὲ τοῖς τέτταρσι στοιχείοις πέμπτη τίς ἐστι φύσις, ἐξ ἧς ὁ οὐρανὸς καὶ τὰ ἄστρα.

2) Sollte am Ende gar, in der oben (p. 59 Anm.) angeführten Stelle des Philolaus, in dem seltsamen ὅλκας als Bezeichnung des fünften Elementes, das schon so viele Conjecturen, aber keine befriedigende hervorgerufen hat, sich eine Verstümmelung der indischen Bezeichnung des Aethers, d. i. âkâça, erhalten haben?!

auch eine Lehre von den Körpern sehr gut im Anschluss an das Opferritual entwickeln können, da die Formung der unzähligen verschiedenen Backsteine, aus denen der heilige Altar bei der sogen. Agniciti, oft in sehr seltsamer, complicirter Gestalt, aufgebaut wird, zu Speculationen über die Körpergestaltungen durchaus Anlass geboten hätte. Ob dies aber wirklich der Fall gewesen, vermag ich nicht zu behaupten. Auch die seltsam-phantastische Gleichsetzung der fünf regelmässigen Körper mit den fünf Elementen, resp. mit den kleinsten Theilen dieser Elemente, würde vortrefflich zu dem Geiste der Speculation in den Brâhmaṇa's stimmen.[1]) Specielle Thatsachen weiss ich aber dafür nicht anzuführen, muss mich also hier damit begnügen, die Aufmerksamkeit der Forscher auf diesen Punkt zu lenken.

Cap. V.

Das System des Pythagoras und die Sâṃkhya-Lehre.

Die Pythagoreer sind zunächst kein wissenschaftlicher, sondern ein sittlich religiöser und politischer Verein; nicht alle seine Mitglieder waren Philosophen, und nicht alle Lehren und Vorstellungen, die diesem Verein eigenthümlich sind, waren aus philosophischer Forschung hervorgegangen (Zeller I, 4. Aufl., p. 314). Immerhin finden wir in dieser

1) Die Behauptung, wie sie Plutarch dem Pythagoras zuschreibt: aus dem Kubus sei die Erde geworden, aus dem Tetraëder das Feuer, aus dem Oktaëder die Luft, aus dem Ikosaëder das Wasser, aus dem Dodekaëder das fünfte Element, — würde einem Brâhmaṇa-Verfasser nicht übel anstehen. Vgl. auch weiter unten, was über den phantastisch-mystisch-symbolischen Charakter des pythagoreischen Systems im Vergleich mit indischen Speculationen gesagt ist.

Schule eine ganz eigenthümliche philosophische Weltanschauung vor, die in ihren Grundzügen ohne Zweifel auf Pythagoras selbst zurückgeht.

Es liegt im Zusammenhang unserer Untersuchung gewiss nahe, die Frage aufzuwerfen, ob diese philosophische Weltanschauung der Pythagoreer sich nicht am Ende mit einem der indischen Systeme näher berührt?

Leider sind wir über die vorbuddhistische Speculation der Inder nur sehr ungenügend orientirt. Von den bekannten grossen Systemen der Inder liegen eigentlich nur für eines alte vorbuddhistische Denkmäler vor, nämlich für die orthodoxe Vedânta-Philosophie, welche, von pantheistischen Gedanken ausgehend, in den ältesten Upanishaden das Wesen des Âtman-Brahman, der Weltseele, untersucht und schliesslich dazu gelangt, die individuelle Seele mit der Weltseele zu identificiren, das principium individuationis ganz aufzuheben, die ganze Welt für eine Täuschung, einen Traum des Âtman-Brahman zu erklären. Die Âraṇyaka's und ältesten Upanishaden, welche jedenfalls vor die Zeit Buddha's hinaufgehen, bilden für die Anhänger dieses Systems die Çruti oder heilige Schrift, auf deren Aussprüche sie ihre Lehren gründen. Ich kann es hier natürlich nicht untersuchen, wie weit die in den Brahmasûtra's des Bâdarâyaṇa entwickelten Ideen des späteren Vedânta schon deutlich in den alten Upanishaden vorliegen. Für uns genügt es hier, zu constatiren, dass mit diesem System die Philosophie des Pythagoras jedenfalls gar nichts gemein hat und dass uns darum jene sonst so werthvollen Schriften für unsere Frage wenig nützen können.

Es unterliegt indessen keinem Zweifel, dass der hochidealistischen Philosophie der Upanishaden oder des Vedânta [1]) schon in alter Zeit eine andere Weltansicht von

1) Vedânta, eig. Ende des Veda, Schluss des Veda, ist zunächst Bezeichnung der Upanishaden, welche den Schluss der vedischen Literatur bilden, dann Bezeichnung des auf diesen fussenden philosophischen Systems.

weit nüchternerem Charakter gegenüberstand. Es ist dies die Sâṃkhya-Lehre des Kapila, an welche alter Tradition zufolge auch der Stifter des Buddhismus sich in seiner Weltanschauung angeschlossen haben soll.

Die Sâṃkhya-Lehre wird von Weber[1]) geradezu das älteste philosophische System genannt, und Cowell[2]) bezeichnet die Sâṃkhya-Schule als eine der ältesten. Die Werke aber, in denen wir diese Lehre systematisch vorgetragen finden, entstammen einer sehr späten Zeit. Von den altberühmten Lehrern dieses Systems, von Kapila, Pañcaçikha und Âsuri ist uns nichts erhalten, was wir berechtigt wären, direct auf sie zurückzuführen. Îçvarakṛshṇa, der als Verfasser der uns vorliegenden Sâṃkhya-sûtra angegeben wird, gehört etwa dem 6. Jahrh. nach Chr. an (s. Weber, Ind. Lit., 2. Aufl., p. 254). Die Sûtra des Kapila, das sogenannte Sâṃkhyapravacanam, hält Hall, der sich um diese Literatur verdient gemacht hat, für ein sehr secundäres Produkt, welches hie und da vielleicht sogar den Îçvarakṛshṇa benutzt.[3]) Die Alterthümlichkeit des Kapila selbst wird dadurch natürlich, wie Hall richtig hervorhebt, in keiner Weise angefochten; nur sind wir ganz im Unsicheren, wie viel von dem, was in diesen späten Werken gelehrt wird, wirklich auf Kapila zurückgeht, da diese Lehre im Lauf der vielen Jahrhunderte ja die allergrössten Umgestaltungen erfahren haben kann und wahrscheinlich auch erfahren hat. Auch die Upanishaden, in welchen uns die Sâṃkhya-Lehre vorgetragen wird (Mâitrâyaṇa-Upanishad, und Çvetâçvatara-Up.), entstammen wahrscheinlich einer späteren Zeit,[4]) und geben

1) Weber, Ind. Lit., 2. Aufl., p. 252.

2) Cowell, zu Colebrooke's Misc. Ess. I, 354.

3) „May be suspected of occasional obligation to the kârikâs of Îçvarakṛshṇa" (Sâṃkhyasâra, pref. p. 12). Man findet die betreffenden Arbeiten Hall's angeführt bei Weber, Ind. Lit., 2. Aufl., p. 254 Anm.

4) Vgl. über dieselben Weber in s. Ind. Lit., 2. Aufl., an verschiedenen Stellen, die der Index angiebt.

uns keinen Anhalt, das System des Kapila in seiner alten Form mit Sicherheit zu reconstruiren. Nichtsdestoweniger werden wir es durchaus für wahrscheinlich halten müssen, dass gewisse Hauptgedanken und Grundanschauungen des späteren Systems auf den alten Begründer desselben zurückgehen. Mit den Behauptungen im Einzelnen werden wir aber sehr behutsam sein müssen.

Die Legenden des Buddhismus erwähnen den Kapila und Pañcaçikha stets als lange vor Buddha vorausgegangen, und die Tradition lässt Buddha, wie erwähnt, in seiner Weltanschauung sich an die alte Sâṃkhya-Lehre anschliessen. Nun ist es zwar von einem Forscher wie Max Müller in Abrede gestellt worden, dass zwischen der Metaphysik der Buddhisten und dem System des Kapila, so weit wir es aus den (späteren) Sâṃkhyasûtra's kennen, irgend welche bestimmte Aehnlichkeit vorliege, und ein Kenner wie Oldenberg giebt ihm darin Recht.[1]) Aber erstens wäre damit noch nicht ausgeschlossen, dass sich Buddha an die alte Ṣâṃkhyalehre des Kapila anschloss, über deren Inhalt wir durchaus nicht genügend unterrichtet sind. Und zweitens glaube ich doch behaupten zu können, dass sich die Weltanschauung Buddha's in der That mit gewissen Grundgedanken der Sâṃkhyalehre, selbst soweit wir sie nach den späteren Sûtra's beurtheilen können, deutlich berührt.

Gegenüber den pantheistischen Ideen jener alten Zeit, die überall in der Welt den Âtman-Brahman suchten und die ganze Welt aus ihm hervorgehen liessen, — Ideen, aus denen sich in der Folge der idealistische Vedânta entwickelte, — vertrat die alte Sâṃkhyalehre offenbar eine viel nüchternere, ich möchte sagen mehr naturwissen-

---

1) Max Müller in den Chips from a German workshop I, 226: „We have looked in vain for any definite similarities between the system of Kapila, as known to us in the Sâṃkhyasûtras, and the Abhidharma, or the metaphysics of the Buddhists.“ S. Oldenberg, Buddha, p. 93 Anm.

schaftliche Auffassung. Sie ging davon aus, dass unsrer Beobachtung einerseits die Materie, andrerseits eine Pluralität individueller Geister gegeben sind, welche nach schon damals geltender Meinung durch eine Menge von Existenzen wanderten. Sie erklärte ihr Entstehen nicht weiter, forderte keinen Gott oder Götter als Schöpfer oder erste Ursache der Materie und der individuellen Geister, sondern nahm beide als gegeben hin; wahrscheinlich wohl damals schon als von Ewigkeit existirend;[1]) doch wage ich das nicht sicher zu behaupten. Das Ziel, auf welches man hinzuarbeiten hat, ist die endgültige Befreiung des Geistes von der Körperwelt; was dann folgt, bleibt ungesagt. Mit diesen Gedanken berührt sich Buddha's Weltanschauung insofern, als auch er keinen Weltschöpfer annimmt, sowenig wie einen Urgeist, aus dem die vielen individuellen Geister entsprossen, emanirt oder durch Theilung entstanden wären. Die Pluralität der individuellen Geister ist auch ihm ein Gegebenes, das nicht etwa auf ein Singulare zurückverfolgt wird. Sein Ziel ist einzig die Befreiung dieser vielen individuellen Geister von den leidenvollen Banden der Körperwelt und der Seelenwanderung; ist dies erreicht, so folgt das Nirvâna, von dem es ausdrücklich verboten ist, zu fragen, ob es ein Sein oder ein Nichtsein ist.

Demnach glaube ich, dass wir durchaus keinen Grund haben, die alte Tradition vom Zusammenhang Buddha's mit der Sâṃkhyalehre zu beanstanden.[2]) Sie haben denn

---

1) Vielleicht anknüpfend an uralte Vorstellungen. Der Glaube an eine Existenz individueller Geister von Ewigkeit her, vor Eintritt in die Welt der Körper, eine Praeexistenz individueller Geister, ist wahrscheinlich sehr alt. Ich erinnere an das punar astam ehi „geh wieder heim!" das im Rigveda dem Todten zugerufen wird, und an die fravashi's des Avesta.

2) Vgl. auch Weber, Ind. Lit., 2. Aufl., p. 253 Anm. — Auch in den heiligen Texten der Jâina's erscheint die Lehre Buddha's neben der des Kapila und anderen naturwissenschaftlichen Doctrinen, der Atomlehre, dem Materialismus. Die Reihenfolge ist: baïsesiyam (d. h. vâiçeshikam), Buddhasâsaṇam, Kâvilam (d. h.

auch beide als schwersten Vorwurf den des Atheismus tragen müssen, dem die Sâṃkhya-Lehre nur durch Vereinigung mit dem theistischen Yoga entgehen konnte.

Wir sehen hier zwei Hauptpunkte für die alte Sâṃkhyalehre klar hervortreten:

1) Die Wanderung einer Menge individueller Seelen, die nicht weiter auf eine Urseele zurückgeführt werden, durch viele Leiber, wobei als Ziel die endliche Befreiung dieser Seelen von dem Kerker des Körpers gilt;

2) Der Begriff der Gottheit spielt im System keine Rolle, ist von keiner philosophischen Bedeutung, wird zum Behuf der Welterklärung nicht benutzt.

Dies Beides aber, das Wenige, was wir von der Sâṃkhyalehre in ihrer alten Form mit Sicherheit behaupten können, findet sich ganz ebenso auch in der Weltanschauung des P y t h a g o r a s.

Der erste Punkt bedarf wohl keiner näheren Erläuterung. Aber auch der zweite ist von Zeller hinlänglich klar gestellt (a. a. O. p. 340—346).

Der Gottesbegriff spielte im eigentlich philosophischen System der Pythagoreer keine Rolle. „Aristoteles berührt an den verschiedenen Orten, wo er die pythagoreische Ansicht über die letzten Gründe auseinandersetzt, ihre Gotteslehre nicht mit einem Worte“, und „Theophrast scheint die Pythagoreer sogar ausdrücklich von denen zu unterscheiden, welche die Gottheit als wirkende Ursache aufführen“ (342—344). Ihr Gottglaube ist durchaus populär religiöser Art und steht in keinem engeren Zusammenhang mit ihrer philosophischen Welterklärung. Zeller kommt p. 346 zu dem Schlusse: „So unläugbar die Pythagoreer an Götter geglaubt, und so wahrscheinlich es ist, dass auch sie der monotheistischen Richtung, welche seit Xenophanes in der griechischen Philosophie so bedeutenden

Kâpilam], Logâyatam, Saṭṭhitaṃtam [d. h. shashṭitantram. was der Commentar durch Kâpilaçâstram erklärt]. Vgl. Weber, Ind. Lit., 2. Aufl., p. 253 Anm.

Einfluss gewann, so weit gefolgt sind, um aus der Vielheit der Götter die Einheit (ὁ θεός, τὸ θεῖον) stärker als die gewöhnliche Volksreligion herauszuheben, so gering scheint doch die Bedeutung der Gottesidee für ihr philosophisches System gewesen zu sein, und in die Untersuchung über die letzten Gründe scheinen sie dieselbe nicht tiefer verflochten zu haben.

Die Pythagoreer nahmen zu dem philosophischen System, das die Gottheit zur Welterklärung nicht brauchte, einfach noch den Gottglauben hinzu, wie es auch in Indien alle diejenigen gethan haben, welche die Sâṃkhyalehre mit der theistischen Yogalehre verbanden; und gerade diese Verbindung von Sâṃkhya und Yoga ist bekanntermassen eine sehr enge und vielverbreitete.[1])

Die beiden angeführten Punkte sind aber noch nicht das Einzige, was sich für einen Zusammenhang der pythagoreischen Philosophie mit der Sâṃkhyalehre des Kapila anführen lässt.

Die Grundanschauung der pythagoreischen Philosophie ist in dem Satze enthalten, dass die Zahl das Wesen aller Dinge, dass Alles seinem Wesen nach Zahl sei (Zeller, p. 314). Das stellt schon Aristoteles wesentlich richtig dar, und so geht es auch aus Zeller's Darlegungen klar hervor. Aristoteles sagt wiederholt, nach pythagoreischer Ansicht beständen die Dinge aus Zahlen oder aus den Elementen der Zahlen; die Pythagoreer sollen in ihnen zugleich den Stoff und die Eigenschaften der Dinge gesucht haben.[2]) Andrerseits sagt Aristoteles auch, die Pythagoreer liessen die Dinge durch Nachahmung der Zahlen entstehen;[3]) — zwei Ansichten, die sich nach der Meinung des Aristoteles

1) Auch Buddha, obgleich bei ihm die Gottheit oder die Götter bei den letzten Gründen des Seins keine Rolle spielen, leugnet ja durchaus nicht die Existenz der vom Volke geglaubten Götter.

2) Vgl. Zeller, p. 315. 316.

3) Zeller, p. 317.

offenbar nicht ausschliessen. Die Unterscheidung von Form und Stoff ist hier noch nicht vorgenommen.[1]) Anknüpfend an das Walten bestimmter Zahlen und Zahlverhältnisse in der Welt der Erscheinungen und wohl auch an den uraltsymbolischen Gebrauch gewisser Zahlen, kommen die Pythagoreer ganz allgemein zu dem Satze: Alles ist Zahl![2])

Sind wir nun auch nicht in jedem einzelnen Punkte ganz sicher, wieweit derselbe auf Pythagoras selbst zurückgeht, so viel ist nicht zu bezweifeln, dass er der Zahl in seinem System die oberste Stelle anwies, dass die Zahl eine ganz entscheidende, grundlegende Bedeutung für sein ganzes System hatte.

Wie oben erwähnt, wissen wir über die Sâṃkhyalehre des Kapila in ihrer ältesten Form ausser den ersterwähnten Punkten kaum etwas Sicheres zu sagen. Was aber bedeutet denn der Name Sâṃkhya? Das Wort ist eine deutliche Ableitung von dem Worte saṃkhyâ und dieses bedeutet „die Zahl". Ein Sâṃkhya wäre also ein Zahlphilosoph und die Sâṃkhyalehre eine Zahlphilosophie!! Eine Bezeichnung, welche in merkwürdigster Weise zu dem wesentlichen Inhalt der pythagoreischen Philosophie stimmt; während sie vom Standpunkte der späteren Sâṃkhyalehre betrachtet ganz dunkel und unverständlich erscheint.

Dieser letztere Umstand ist denn auch schon vielfach empfunden worden, ohne irgend genügende Aufhellung zu erfahren. Man hat den Namen Sâṃkhya vom Aufzählen der 25 Principien herleiten wollen; aber eine Reihe verschiedener Principien, die man aufzählen kann, finden sich wohl in jeder Philosophie; hat man deswegen irgend einer den Namen Zahlphilosophie gegeben? Mit Recht sagt Weber in seiner Ind. Literaturgeschichte

---

1) Zeller, p. 318. 319.
2) Zeller, p. 320. 321.

(p. 252 Anm.) von dem Namen dieser Lehre, dass seine Bedeutung „eigentlich ziemlich unklar und wenig significant" sei.[1]) Mir scheint es aus dem Namen sâṃkhya deutlich hervorzugehen, dass in diesem System die Zahl (saṃkhyâ) ursprünglich eine entscheidende, grundlegende Bedeutung hatte, wenn auch das spätere System, dessen bezügliche Lehrbücher mehr als ein Jahrtausend jünger sind als die vorbuddhistische Sâṃkhyalehre des Kapila, diesen Charakterzug vollständig verloren und verwischt hat. Aber eben deswegen erscheint der Name auch so ganz unzutreffend für das spätere System.

Ich bin mir wohl bewusst, dass die hier vorgeführte Combination der ältesten Sâṃkhyalehre mit der Zahlphilosophie des Pythagoras eine sehr kühne ist; aber im Zusammenhang mit unsrer ganzen Untersuchung hat sie etwas Frappirendes und verdient gewiss nicht, einfach bei Seite geschoben zu werden. Wie fällt hier mit einem Male von der Lehre des Pythagoras aus ein Licht auf den bislang so unverständlichen Namen dieser ältesten Philosophie der Inder!

Es liegt mir fern, im Einzelnen darlegen zu wollen, welche Rolle die Zahl im ältesten Sâṃkhya-System spielte. In dieser Hinsicht ist uns ja der Name das **einzige** Dokument. Sehr möglich, dass der Begründer des Systems ausging von der Beobachtung gewisser wichtiger Zahlverhältnisse in der Welt der Erscheinungen; möglich, dass seine Lehre im Zusammenhang stand mit jenen alten mathematischen Errungenschaften der brahmanischen Opferweisheit und einer vorauszusetzenden alten Arithmetik der Inder;[2]) möglich, dass sie anknüpfte an den uralt sym-

---

1) Vgl. Weber, Ind. Lit. 2. Aufl. 252 Anm.; Ind. Stud. IX, 17 flg. — Im Petersburger Wörterbuch ist ein Sâṃkhya erklärt als „ein Mann, der das pro und contra genau erwägt oder ein Anhänger der aufzählenden philosophischen Methode, d. h. der Sâṃkhya-Lehre."

2) Sollte vielleicht die von der Legende behauptete aus-

bolischen Gebrauch gewisser Zahlen, wie er uns in den Brâhmaṇa's oft genug begegnet.[1]) Ueber dies Alles und über die Frage, wie weit im Einzelnen diese Gedanken der alten Sâṃkhyalehre von Pythagoras bewahrt sind, wie weit er und seine Schule dieselben in ein neues Licht, neue Beziehungen gesetzt haben dürften, darüber können wir uns keine Vermuthungen erlauben, da uns die spätere Sâṃkhyalehre in dieser Hinsicht so völlig im Stich lässt, alte Denkmäler aber nicht vorhanden sind. —

Eine Weltseele oder eine Entwickelung Gottes in der Welt hat Pythagoras jedenfalls nicht gelehrt,[2]) so wenig wie die Sâṃkhya-Philosophie. Wohl aber scheint es, dass Pythagoras eine Entwickelung der Welt aus einem unvollkommneren zu einem vollkommneren Zustand annahm, worauf uns die Behauptung des Aristoteles leitet, die Pythagoreer hätten ebenso wie Speusippus geleugnet, dass das Schönste und Beste von Anfang an dasein könne.[3]) Eine Entwickelung der Welt aus einem unvollkommneren Zustand zu einem vollkommneren wird aber auch in der Sâṃkhyalehre angenommen. Diese ist — nach Deussen's Definition — geradezu „eine höchst geistvolle Theorie der Weltentfaltung zum Zwecke der Selbsterkenntniss und daraus folgenden Erlösung.“[4]) Wissen wir auch nicht gewiss, wie weit die älteste Form der Sâṃkhyalehre diese Definition rechtfertigte, so dürfte dieselbe doch einen wichtigen Punkt darin getroffen haben, und werden wir wohl unbedingt ein Fortschreiten in der Weltentwickelung vom Schlechteren zum Besseren, d. i. zur schliesslichen endgültigen Loslösung des Geistes von den Fesseln der Materie, aus dem Kerker der Körper-

gezeichnete Leistung Buddha's in der Rechenkunst am Ende auch in irgend welcher Beziehung mit seinem Anschluss an die Sâṃkhya-Schule stehen??

1) Darüber gebe ich weiter unten nähere Mittheilungen.

2) Vgl. Zeller a. a. O. p. 347.

3) Zeller, p. 347. 348.

4) Deussen, System des Vedânta, p. 22.

welt, als Gedanken der alten Sâṃkhyalehre hinstellen dürfen.[1])

Nach alledem glaube ich, wir haben im Zusammenhang der ganzen vorliegenden Untersuchung wohl ein Recht zu behaupten, es sei nicht unwahrscheinlich, dass Pythagoras sich in seinem philosophischen System an die alte Sâṃkhyalehre angeschlossen habe, mag er gewisse Gedanken derselben auch in origineller Weise weitergebildet, andere vielleicht neu hinzugebracht haben. Jedenfalls dürfte dieser Punkt der Beachtung und weiteren Untersuchung nicht unwerth sein.

Cap. VI.

Punkte von geringerer Bedeutung.

Im vorliegenden Abschnitt will ich einige Punkte berühren, auf die ich kein Gewicht lege, die aber doch

1) Ein Bruchstück des Philolaus, das Zeller allerdings für unächt hält, sagt, dass die Welt immer gewesen sei und immer sein werde. Von den Späteren wird es oft behauptet, dass Pythagoras die Welt für anfangslos gehalten habe (s. Zeller, p. 378). Müssen wir nicht auch dies mit der Lehre der Sâṃkhya von der Ewigkeit der Materie und der individuellen Geister zusammenstellen? — Aristoteles sagt freilich, keiner der Früheren habe die Welt für anfangslos gehalten, ausser im Sinne der Lehre, dass ihr Stoff ewig und unvergänglich, sie selbst dagegen einem beständigen Wechsel von Entstehung und Untergang unterworfen sei (Zeller, p. 379). Aber es ist auch noch nicht ganz ausgeschlossen, dass die Pythagoreer ein periodisches Entstehen und Vergehen der Welt gelehrt haben, obgleich ich das auch keineswegs als gesichert behaupten möchte. Jedenfalls scheint es, dass sie glaubten, in einer späteren Periode würden nicht bloss die gleichen Personen wiederauftreten, sondern auch alle Handlungen und Zustände dieser Personen sich wiederholen (vgl. Zeller, p. 410. 411). Einen eigentlichen Weltuntergang nahmen sie nicht an (p. 411). Es wäre zu wünschen, dass spätere Forschung über diesen Punkt mehr Licht brächte, als dies hier für den Augenblick möglich ist.

auch nicht unerwähnt bleiben dürfen, weil auch bei ihnen ein Zusammenhang des Pythagoras mit den Indern möglich ist, wenn sie auch an sich keine beweisende Kraft haben. Hier kann im Einzelnen vielleicht spätere Forschung mehr Aufhellung bringen; für jetzt möge mir nur eine kurze Hinweisung auf diese Punkte gestattet sein.

Es ist bekannt, dass in der pythagoreischen Schule die Musik eifrig gepflegt wurde, auch wird den Pythagoreern die Begründung der wissenschaftlichen Tonlehre zugeschrieben. Einige Zeugnisse [1]) nennen Pythagoras selbst den Erfinder der Harmonik. „Sicherer ist, dass sie in seiner Schule zuerst ausgebildet wurde, wie dies schon der Name und die Theorieen des Philolaus und Archytas beweisen" (Zeller, p. 294). Die Harmonie ist aber den Pythagoreern nichts anderes als die Oktave; *ἁρμονία* ist bei ihnen geradezu der Name für die Oktave.[2])

Auch bei den Indern ist Musik und Gesang früh gepflegt worden. Die wissenschaftliche Behandlung der Tonlehre schliesst sich bei ihnen unmittelbar an die Pflege des religiösen Gesanges, des beim Opfer auszuführenden Vortrags der sogenannten Sâman-Lieder, welche bekanntlich einen der vier Veda's ausmachen.

Die sieben Töne der musikalischen Scala werden zuerst in der Çikshâ und im Chandas erwähnt, welche beide zu den sogen. Vedâṅga's oder Gliedern des Veda gehören, d. h. vedische Hilfsbücher sind. Die Çikshâ wird von den Indern als erster der sechs Vedâṅga's gerechnet. (Man vgl. über dieselbe Haug, Ueber das Wesen und den Werth des vedischen Accents, p. 53 flg.) Ueber das Alter derselben vermag ich leider ganz Sicheres nicht zu sagen. Es wird indessen die Çikshâ und der in ihr zu

1) Nikomachus Harm. I,10. Diog. VIII, 12. Jambl. 115 flg.

2) z. B. Aristox. Mus. II, 36 *τῶν ἑπταχόρδων ἃ ἐκάλουν ἁρμονίας.* Vgl. Zeller, p. 329.

lehrende Gesang doch schon in der Tâittirîya-Upanishad[1]) erwähnt, welche das 8. und 9. Buch des Tâittirîya-Âraṇyaka bildet (Weber, Ind. Lit. p. 103), also doch zur vedischen Literatur gehört. Man sieht daraus, dass die Çikshâ schon in früher Zeit einen Theil des vedischen Unterrichts ausmachte. Wir können darum die Erkenntniss des Systems der sieben Töne, also der Harmonie der Pythagoreer, wohl mit ziemlicher Sicherheit schon in die vedische, vorbuddhistische Periode setzen. Bildet doch der genau geregelte musikalische Vortrag der Sâman-Lieder einen so integrirenden Bestandtheil des altvedischen Opfercultus. Der Gegenstand ist aber leider, wie auch Weber (p. 291) hervorhebt, im Ganzen noch wenig untersucht. Ob also auch in diesem Punkte ein Zusammenhang des Pythagoras mit den Indern und ihren, im Anschluss an den Opfercultus ausgebildeten musikalischen Theorieen anzunehmen sein dürfte, soll zunächst nur als erwägenswerthe Frage hingestellt sein. Unwahrscheinlich ist es nicht.

Auch die Heilkunde wurde von den Pythagoreern geübt und scheint mit Beschwörung, Gesang und religiöser Musik verbunden gewesen zu sein (Zeller, p. 295. 300). Dass die Inder früh die Heilkunst in weitem Umfang, wenn auch keineswegs besonders wissenschaftlich übten, ist durch den Atharvaveda zur Genüge bekannt. Das Mittel der Beschwörung spielt dabei weitaus die grösste Rolle und zwar wesentlich in metrischer Form. Ob Gesang und Musik damit verbunden gewesen sein mögen, weiss ich nicht anzugeben. Jedenfalls muss auch für diesen Punkt die Frage nach einem möglichen Zusammenhang des Pythagoras mit den Indern aufgeworfen werden.

Man könnte ferner fragen, ob nicht vielleicht auch die geschlossene Ordenseinrichtung mit dem

---

1) Tâitt. Up. 1,2,1 çikshâṃ vyâkhyâsyâmaḥ | varṇaḥ svaraḥ | mâtrâ balam | sâma santânaḥ | ity uktaḥ çikshâdhyâyaḥ | Man sieht hieraus, dass die Çikshâ schon in sehr früher Zeit einen Theil des vedischen Unterrichts ausmachte. Vgl. **Haug**, Accent, p. 54.

verehrten Stifter an der Spitze, indischen Vorbildern nachgeahmt sei. Freilich mag es auch in einigen anderen Ländern früh schon Aehnliches gegeben haben, aber doch kann man behaupten, dass das religiöse Ordens- und Congregationenwesen gerade im 6., vielleicht schon im 7. Jahrhundert vor Chr. in Indien in besonderer Blüthe stand. War doch Buddha „nur einer von den zahlreichen Weltheilanden und Lehrern der Götter- und Menschenwelt, die damals im Mönchsgewande predigend das Land durchzogen;“ [1]) sein Orden einer neben anderen, wenn auch der bedeutsamste. Der buddhistische Orden ist nicht der erste; ähnliche Erscheinungen gingen ihm voraus, wenn wir auch nicht viel Genaueres darüber wissen. Es ging ein Zug nach dieser Richtung durch das indische Leben jener Zeit, der wohl ansteckend auf einen Mann wirken konnte, welcher sich ernst und gründlich mit dem Leben und Denken der indischen Weisen vertraut zu machen suchte. Indessen hebe ich ausdrücklich hervor, dass ich auf diesen Punkt kein Gewicht legen will.

Die Pythagoreer theilten endlich das Weltganze in drei Regionen ein: Olympos, Kosmos und Uranos (Zeller, p. 409). Könnten wir hierin vielleicht ein Abbild der indischen Dreiwelt vermuthen?

Noch manche derartige Einzelheiten liessen sich anführen, — doch ich breche lieber ab, um mich nicht zu sehr in blosse Vermuthungen zu verlieren.

Cap. VII.

Phantastisch-mystisch-symbolischer Charakter des pythagoreischen Systems.

Wichtiger als die letztangeführten Punkte ist für die Vergleichung mit dem Indischen der eigenthümlich phantastische Zug, das Mystische und Symbolische, das sich

1) Vgl. Oldenberg, Buddha, p. 68.

durch das pythagoreische System, seine Bestimmungen und Identificationen hindurchzieht.

Mit den Zahlen vor Allem treibt die Speculation der Pythagoreer ihr phantastisches Spiel; alle Dinge der Welt sollen durch bestimmte Zahlen definirt, bestimmten Zahlen gleichgesetzt werden. Wenn aber die Pythagoreer die Körperwelt aus Zahlen bestehen lassen, gewissen Zahlen gleichsetzen, so darf daraus keineswegs geschlossen werden, dass sie die Zahlen für etwas Körperliches hielten; „denn so gut die Pythagoreer den Menschen, oder die Pflanze, oder die Erde durch eine Zahl definirten, ebenso gut sagten sie auch: zwei ist die Meinung, vier ist die Gerechtigkeit, fünf ist die Ehe, sieben ist die gelegene Zeit u. s. w.; und auch hierbei ist es keineswegs nur auf eine Vergleichung beider abgesehen, sondern die Meinung ist in dem einen wie in dem andern Fall die, dass die betreffende Zahl das, womit sie verglichen wird, unmittelbar und im eigentlichen Sinn sein soll. Es ist eine Verwechslung von Symbol und Begriff, eine Vermischung des Accidentellen und Substantiellen, die wir nicht auflösen dürfen, wenn wir nicht die innerste Eigenthümlichkeit der pythagoreischen Denkweise verkennen wollen. So wenig sich daher behaupten lässt, die Körper seien den Pythagoreern nichts Materielles, weil sie aus Zahlen bestehen sollen, ebensowenig dürfen wir umgekehrt schliessen, die Zahlen müssen etwas Körperliches sein, weil sie sonst nicht Bestandtheile der Körper sein könnten; sondern bei den Körpern wird an das gedacht, was sich der sinnlichen Wahrnehmung, bei den Zahlen an das, was sich dem mathematischen Denken darbietet, und beides wird unmittelbar identisch gesetzt, ohne dass man die Unzulässigkeit dieses Verfahrens bemerkte." [1])

Die Pythagoreer suchten an den Dingen, wie Aristoteles sagt, „nach einer Aehnlichkeit mit Zahlen und Zahlen-

---

1) Zeller, a. a. O. p. 352. 353.

verhältnissen, und die Zahlenbestimmung, welche sich ihnen auf diese Art für einen Gegenstand ergab, hielten sie für das Wesen desselben; wollte aber die Wirklichkeit mit dem vorausgesetzten arithmetischen Schema nicht recht stimmen, so erlaubten sie sich auch wohl zur Ausgleichung eine Hypothese, wie die bekannte über die Gegenerde. So sagten sie etwa, die Gerechtigkeit bestehe in dem gleichmal Gleichen oder der Quadratzahl, weil sie Gleiches mit Gleichem vergilt, und sie nannten deshalb weiter die Vier, als die erste Quadratzahl, oder die Neun, als die erste ungerade Quadratzahl, Gerechtigkeit; so sollte die Siebenzahl, wie es heisst, deshalb die entscheidende Zeit sein, weil nach alter Meinung die Stufenjahre durch sie bestimmt sind; die Fünfzahl, als die Verbindung der ersten männlichen mit der ersten weiblichen Zahl, heisst die Ehe, die Einheit Vernunft, weil sie unveränderlich, die Zweiheit Meinung, weil sie veränderlich und unbestimmt ist. Durch weitere Combination solcher Analogieen ergaben sich dann Behauptungen wie die, dass dieser oder jener Begriff in dem oder jenem Theil der Welt seinen Ort habe, die Meinung z. B. in der Region der Erde, die richtige Zeit in der der Sonne, weil beide durch die gleiche Zeit bezeichnet wurden. Verwandter Art ist es, wenn gewisse Zahlen, oder gewisse Figuren und ihre Winkel bestimmten Göttern zugeeignet werden, denn auch hierbei handelt es sich nur um vereinzelte und willkürlich herausgegriffene Vergleichungspunkte. Dass es übrigens bei all diesen Vergleichungen an vielfachen Widersprüchen nicht fehlen konnte, dass dieselbe Zahl oder Figur verschiedene Bedeutungen erhielt, und andrerseits der gleiche Gegenstand oder Begriff bald durch diese bald durch jene Zahl bezeichnet wurde, war bei der regellosen Willkürlichkeit des ganzen Verfahrens nicht zu vermeiden“ (Zeller, p. 360 bis 365). So wurde z. B. die Gerechtigkeit, die wir oben als Vier oder als Neun definirt fanden, bisweilen auch der Fünf oder der Drei gleichgesetzt. Die Gesundheit, welche Philolaus der Sieben gleichsetzte, wurde auch als die Sechs bestimmt; die Ehe nicht bloss als Fünf- und Sechs-, sondern auch als Dreizahl; die Sonne, die wir oben sammt der richtigen Zeit der Sieben zugewiesen fanden, auch als Dekas; das Licht, welches Philolaus als die Sieben definirt, wird auch als Fünf aufgefasst u. s. w.[1]) (vgl. Zeller, p. 365, Anm. 1). Ein ähnlicher Widerspruch ist es, wenn es heisst, dass die Zeit aus dem Unbegrenzten in die Welt tritt, während sie auch wiederum mit der Himmelskugel selbst identificirt wird; „bei jener Bestimmung wird an die Grenzenlosigkeit der Zeit gedacht, bei dieser daran, dass der Himmel durch seine Bewegung das Maass der Zeit ist; auf eine widerspruchslose Vereinigung beider Vorstellungen sind die Pythagoreer schwerlich ausgegangen" (Zeller, p. 406. 407).

Diese seltsam phantastischen Identificationen der pythagoreischen Schule, hauptsächlich, aber nicht ausschliesslich, an Zahlen geübt, in regelloser Willkür die heterogensten Dinge einander gleichsetzend, oder zwei mit demselben dritten identificirend, wodurch sie untereinander gleich werden; ohne Consequenz die eine Gleichsetzung bald wieder durch eine andere, nicht selten widersprechende ersetzend; — diese höchst eigenthümliche Methode, bei der man oft sich fragen muss, ob man es nur mit mystisch-symbolischen Zusammenstellungen, mit Spielereien oder mit wirklichen Gleichsetzungen, Identificationen zu thun hat, erinnert ganz merkwürdig an die Art der ältesten brahmanischen Speculation, der Opferwissenschaft, wie sie uns in den Yajurveden und Brâhmaṇa's vorliegt. Diese Speculationen, die sich mit ermüdender Weitschweifigkeit durch die ganze umfangreiche Literatur jener Jahrhunderte hindurchziehen (vom 10. bis 8., resp. 7. Jahrh.), bestehen zum weitaus grössten Theil aus solchen Gleichsetzungen, die,

---

1) Was von diesen letzteren Bestimmungen altpythagoreisch ist, lässt sich im Einzelnen nicht angeben.

in symbolisch-mystischer Weise beginnend, zur deutlich ausgesprochenen Identification der verschiedensten Dinge und Begriffe vorschreitet, wobei Willkür und Regellosigkeit noch in weit höherem Maasse walten, als dies bei den Pythagoreern der Fall ist.

Verschiedene Zahlen spielen bei diesen Gleichsetzungen eine wichtige Rolle, wenn auch nicht in so vorwiegendem Maasse wie in der pythagoreischen Schule.

Symbolisch-mystische Deutungen der einzelnen Theile des Opfers, seiner Geräthe, Spenden u. s. w. machen hier den Anfang; sie dienen sehr wesentlich dazu, diese Opferhandlungen mit dem Nimbus tiefer, geheimnissvoller Bedeutung zu umgeben, dunkle und wunderbare Gewalten in ihnen ahnen zu lassen. Vom mystischen Symbolisiren ist dann der Schritt zum Identificiren nur ein kleiner, und es ist hier kaum möglich, die Grenze zwischen beiden deutlich zu ziehen; kaum möglich oft festzustellen, ob es noch heisst „dies bedeutet", oder schon „dies ist". In dem Denken der Brahmanen jener Zeit war diese Grenze auch gewiss nicht scharf ausgeprägt. Dennoch können wir deutlich gar manche Fälle, wo nur symbolische Beziehung vorliegt, von anderen scheiden, die entschieden als Identificationen bezeichnet werden müssen.

Die symbolische Beziehung liegt besonders oft in gewissen Zahlenverhältnissen. So z. B. heisst es Mâitr. S. 3, 8, 1:[1] „drei Upasad's[2]) opfert er; drei Welten giebt es; (dies geschieht) um diese Welten zu gewinnen." Oder Mâitr. S. 4, 1, 3: „dreimal erhebt er die Stimme, denn dreimal wahr sind die Götter" (d. h. in Gedanken, Worten und Werken). — Oder Mâitr. S. 3, 7, 5: „Viermal geschöpft ist die Opferbutter; das Vieh ist vierfüssig; so verschafft man sich das Vieh." — Mâitr. S. 3, 3, 8 a. E.: „Mit vieren (d. h. vier Sprüchen) gehen sie vom „Âhavanîya-Feuer aus; vier Metra giebt es; so gehen sie mit den

1) Mâitr. S. ist Abkürzung für Mâitrâyaṇî Saṃhitâ.

2) Eine bestimmte Darbringung.

Metren; die Metra aber sind das Brahman; so gehen sie mit dem Brahman." — Mâitr. S. 3, 3, 5: „Dreimal rings giessend wandelt er herum; drei Welten giebt es — —; dreimal rings giessend wandelt er herum, dreimal nicht giessend; das sind sechs; sechs Jahreszeiten giebt es" u. s w. — Mâitr. S. 3, 1, 9 a. A.: „Nun opfert er die sechs Àdhitayajûṃshi;[1]) sechs Jahreszeiten giebt es; durch die Jahreszeiten reicht er so die Kraft aus der Erde dar." — 3, 2, 2: „Mit zwölf (Sprüchen) verehrt er; zwölf Monate machen das Jahr; so verschafft er sich das Jahr." — Mâitr. S. 3, 1, 7: „Mit sieben (Mistballen) räuchert er: sieben Metra giebt es; so räuchert er sie (die Ukhâ, ein bestimmtes Feuergefäss) mit den Metren; die Metra aber sind das Brahman; so räuchert er sie mit dem Brahman." — „Mit sieben (Mistballen) räuchert er; siebenfach ist der Lebenshauch im Kopfe" u. s. w. — Mâitr. S. 1, 11, 8 a. E.: Mit sieben opfert er: sieben Metra giebt es: so verschafft er ihm Speise durch die Metra; die Vâc aber ist gleich den Metren; so verleiht er ihm Speise durch die Vâc." — Mâitr. S. 3, 6, 5: „Prajâpati[2]) ist das Opfer; man opfert (jetzt) mit einer (Opferung), denn Prajâpati ist einer" u. s. w.

Wir sehen hier die Eins symbolisch den Prajâpati bezeichnen; die Drei — die drei Welten, aber auch die dreimal wahren Götter; die Vier das Vieh, aber auch die Metra und mittelbar das Brahman; die Sechs die Jahreszeiten; die Sieben auch die Metra und mittelbar das Brahman, aber auch den siebenfachen Lebenshauch; die Zwölf das Jahr u. s. w. Diese und andere Zahlen kehren vielfach in ähnlichen Beziehungen wieder. Leicht liessen sich diese Beispiele massenhaft vermehren, doch ist das ja unnöthig.

---

1) Bestimmte Sprüche, die hier als ein der Gottheit dargebrachtes Opfer gefasst werden.

2) Der Herr der Geschöpfe, der oberste Gott zur Zeit des Yajurveda.

Das Opfer gilt hier als Anfang aller Dinge, wird als kosmogonische Potenz betrachtet, regelt Natur, Menschen- und Götterwelt, und diese Kraft wohnt dann auch seinen Zahlenverhältnissen inne. Wie es z. B. heisst Mâitr. S. 3, 2, 8: „Weil man aber mit einem Verse zwei Mal opfert, darum ist der Mensch einer und hat doch zwei Füsse“ u. dgl. m.

Wir finden nun aber weiter auch massenhaft Gleichsetzungen, Identificationen, wo es sich um symbolische Beziehung gar nicht mehr handeln kann, wo nicht mehr bloss bestimmte Theile des Opfers mit Dingen oder Personen aus dem Reiche der Natur oder der Götterwelt gleichgesetzt werden, sondern auch diese Dinge, Personen, Gottheiten, Begriffe aller Art in den mannigfaltigsten Variationen einander gleichgesetzt, für Ein und Dasselbe erklärt werden. Bisweilen erkennt man den Grund für gerade diese oder jene Identification in irgend einer Wesensverwandtschaft oder doch einem gewissen Zusammenhang der beiden identificirten Objecte; sehr häufig aber lässt sich ein solcher gar nicht wahrnehmen, und die Identificationen machen den Eindruck der Willkür und phantastischen Spielerei. Dies tritt auch darin deutlich zu Tage, dass ein und dasselbe Wesen oder Ding an der einen Stelle hiermit identificirt wird, an einer anderen Stelle mit ganz etwas Anderem, an einer dritten Stelle mit noch etwas Anderem, und so fort, wobei jedes Mal andersartige Schlüsse aus der betreffenden Identification gezogen werden.

Wenn es z. B. Mâitr. S. 2, 5, 1 heisst, die Kräuter seien das Vieh, so liegt da ein Zusammenhang vor, denn das Vieh lebt von den Kräutern; ebenso wenn 3, 3, 8; 4, 4, 3 u. sonst, Pûshan, der Heerdengott, mit dem Vieh identificirt wird. Dies ist aber nicht mehr der Fall, wenn 1, 6, 11 u. 2, 3, 1 das Vieh mit Reis und Gerste identificirt wird; oder 3, 7, 8 mit der Schmelzbutter; und 3, 9, 7 sogar mit dem Luftraum!

Es heisst Mâitr, S. 3, 1, 6: „Das Recht ist die Erde,

die Wahrheit ist der Himmel." Gleich darauf aber wird gesagt: „das Recht ist der Tag, die Wahrheit ist die Nacht." — und so käme denn der Tag in Beziehung zur Erde, die Nacht zum Himmel. In 3, 1, 1 wird die Erde mit dem Metrum Gâyatrî identificirt; 3, 2, 9 mit dem Metrum Mâ; 3, 1, 3 mit Gott Prajâpati; 2, 1, 2 mit Agni Vâiçvânara u. dgl.

Es ist verständlich, wenn es 1, 10, 17 heisst, die Unsterblichkeit sei die Himmelswelt; die Himmelswelt soll aber nach derselben Stelle = dem Jahr sein. Nach 3, 1, 2 ist das Metrum Jagatî der Himmel; nach 3, 2, 9 das Metrum Pratimâ u. s. w.

Das Jahr wird Mâitr. S. 1, 10, 17 mit der Himmelswelt identificirt; aber nach 4, 3, 3 soll Indra Çunâsîra das Jahr sein; und 4, 4, 7 heisst es wieder, der Götterkünstler Tvashṭar sei das Jahr: „das Jahr ist die Lebenskraft" heisst es 4, 6, 8; und dann wieder 4, 5, 6: „Das Opfer ist das Jahr, Prajâpati ist das Opfer," wodurch dann wieder das Jahr zu Prajâpati in's Verhältniss der Gleichsetzung kommt. Bedenkt man dann ferner, mit wie verschiedenen Dingen Prajâpati identificirt wird (z. B. mit der Sonne, der Erde u. dgl. m.), die dann wieder allem Möglichen gleichgesetzt werden, so bekommt man lange Ketten fortlaufender Identificationen.

Diese Beispiele liessen sich in's Unendliche vermehren, ich will aber nur noch hervorheben, dass bei diesen Deductionen stets der Grundsatz im Auge behalten werden muss: „Zwei Grössen, derselben dritten gleich, sind untereinander gleich." Mit der Sieben bezeichnet man die Metra; aber die Metra sind = dem Brahman; folglich bezeichnet man mit der Sieben auch das Brahman. Oder Mâitr. S. 1, 10, 17 heisst es, die Himmelswelt sei die Unsterblichkeit, das Jahr sei die Himmelswelt [folglich ist das Jahr die Unsterblichkeit]. Wenn nun die zwölf Opferungen eintreten, welche das Jahr mit seinen zwölf Monaten bezeichnen, so gewinnt man dadurch die Unsterblichkeit; man erlangte ja so das Jahr [und dieses war gleich der Unsterblichkeit, welche nun auch durch die Zwölf bezeichnet ist].

Es liegt auf der Hand, wie viel Verwandtes die phantastischen Identificationen der Pythagoreer mit diesen, von einer wahren Identificirungssucht erfüllten Speculationen der Brahmanen haben. Dieselbe Willkür, Regellosigkeit, Phantastik, dieselben Widersprüche. Nur erstreckte sich bei den Pythagoreern das Identificiren, dem arithmetischen Charakter der Schule gemäss, wesentlich auf Zahlengrössen; doch nicht ausschliesslich, denn wir hörten auch z. B., die Zeit sei = der Himmelskugel u. dgl. Auch bei den Pythagoreern galt dabei — wenigstens einigermassen — jener Grundsatz von den zwei Grössen, die einer dritten gleich sind. Wenn z. B. Zwei die Meinung, Zwei aber auch die Erde war, so fiel die Meinung der Erde zu; wenn die Sonne und die gelegene Zeit beide durch die Sieben definirt wurden, so war damit die gelegene Zeit in die Region der Sonne versetzt u. dgl. m.

Ich glaube, dass man die brahmanischen Lehrmeister auch hier bei Pythagoras wiedererkennt, wenn er auch ihre Methode ungleich maassvoller handhabt.

Nur in wenigen Punkten könnte man versucht sein, die einzelnen Identificationen hier und dort direct zusammen zu stellen: wenn z. B. der Inder sagt, das Jahr sei die Himmelswelt, so erinnert das vielleicht an jenes pythagoreische, die Zeit ist = der Himmelskugel, denn mit dem „Jahr“ giebt der Inder in dieser Periode wesentlich den Begriff der „Zeit“ wieder. Doch dies und Aehnliches [1])

1) In der späteren sogen. symbolischen Positionsarithmetik der Inder finden wir z. B. die Vier durch kṛta, die erste der 4 Weltperioden, das Zeitalter der Vollkommenheit, wiedergegeben (Vgl. Cantor, a. a. O. p. 516). Die kṛta-Periode dauerte 4800 (d. h. 4000 + 400 + 400) Götterjahre (s. Pet. Wört. s. v. kṛta). Da nun kṛta das goldene Weltalter, die Periode der Vollkommenheit ist, so könnte man vermuthen, dass die pythagoreische Gleich-

kann leicht auf Täuschung beruhen. Aber die ganze Methode der phantastischen Identification muss unbedingt in Parallele gesetzt werden.

Pythagoras wandte sie wesentlich auf die arithmetischen Grössen an. Ob die alte, vorbuddhistische Arithmetik und arithmetische Speculation der Inder, deren Existenz wir überhaupt nur vermuthen können, vielleicht im Anschluss an die Speculation der Brâhmaṇa's ähnliche Bahnen wandelte, — das ist mit einem Schleier verhüllt, den wir zu lüften für jetzt wenigstens uns nicht anmassen dürfen.

Schluss.

Fassen wir das Ergebniss unsrer Untersuchung kurz zusammen!

Eine Fülle von Thatsachen, Uebereinstimmungen der merkwürdigsten Art geben uns unabweislich die Ueberzeugung, dass Pythagoras den wesentlichen Inhalt seiner Welt- und Lebensanschauungen von den Indern überkommen habe.

Die seltsame Lehre von der Seelenwanderung, bei keinem andern Volke sonst sicher nachweisbar, haben die Inder früh mit grosser Consequenz ausgebildet, und die Auffassung des Pythagoras stimmt in diesem Punkte bis in die merkwürdigsten Details mit der indischen überein. Die wichtigsten Verbote der pythagoreischen Schule:

setzung der Vier mit der Gerechtigkeit vielleicht hiermit zusammenhängt, aber das ist denn doch sehr fraglich, um so mehr, als wir das Alter der betreffenden indischen Gleichsetzung nicht sicher angeben können. Ich möchte aber doch im Allgemeinen noch auf jene eigenthümliche symbolische Arithmetik der späteren Zeit hinweisen, in der z. B. sûrya (die Sonne) = 12 bedeutet, açvin (die 2 Götter A.) = 2, abdhi (der Ocean) oder kṛta = 4 u. dgl. Vielleicht geht auch diese Methode in frühe Zeiten zurück und könnte zum Vergleich herangezogen werden. Doch wage ich mich darüber nicht bestimmter zu äussern.

Das partielle Fleisch- wie das Bohnenverbot, sowie auch das πρὸς ἥλιον τετραμμένον μὴ ὀμιχεῖν — wir finden sie in den vedischen Schriften der Inder bereits vor. Mit zwingender Gewalt führte uns der bereits in den vedischen Çulvasûtra's niedergelegte und dort die Hauptrolle spielende mathematische Lehrsatz, dessen Entdeckung man bisher dem Pythagoras zugeschrieben und der in jenen Sûtra's sogar in derselben Weise vorgeführt wird, wie ihn wahrscheinlich Pythagoras selbst bewiesen, — sowie auch der daraus sich ergebende Begriff des Irrationalen, dessen Erfindung die Griechen ebenfalls auf Pythagoras zurückführten, — zu der Ueberzeugung, dass der Grieche seine geometrische Weisheit den vedischen theologisch-geometrischen Speculationen verdanke. Nicht minder merkwürdig stimmt die Lehre von den fünf Elementen, die wir bei den Griechen auf Pythagoras zurückführen mussten, mit der altindischen Lehre von den fünf Elementen: Erde, Feuer, Wasser, Luft und Aether. Eine Vergleichung der pythagoreischen Weltanschauung mit den muthmasslichen Grundgedanken der alten Sâṃkhya-Lehre, der indischen Zahlphilosophie, ergab überraschende Berührungspunkte. Die Tonlehre mit ihrem Heptachord, die Heilkunde mit Beschwörung geübt, die Ordenseinrichtung, die Lehre von der Dreiwelt reihten sich daran. Und endlich zeigte der gesammte phantastisch-mystisch-symbolische Charakter der pythagoreischen Speculation die merkwürdigste Wesensverwandtschaft mit der altindisch-brahmanischen Speculation, wie sie uns schon in den Yajurveden und Brâhmaṇa's entgegentritt.

Mögen diese Zusammenstellungen im Einzelnen Berichtigung erfahren, der Hauptsache nach werden sie nicht erschüttert werden können; im Gegentheil erwarte ich mit Gewissheit, dass weitere Forschung auch noch manche weitere Berührungspunkte aufdecken wird, wie sich mir, nachdem ich einmal die richtige Fährte gefunden, fast auf jedem Schritt überraschende neue Thatsachen der Art darboten. Auf einzelne solche, noch aufzuhellende Punkte, habe ich im Verlauf der Untersuchung hingewiesen; möchten dieselben nicht unbeachtet bleiben.

Es braucht die Möglichkeit nicht bestritten zu werden, dass Pythagoras vielleicht auch von den Aegyptern oder einem andern Volke Einzelnes aufgenommen habe, obgleich mir nichts Frappantes in dieser Richtung bekannt ist; den Hauptinhalt seiner Lehre muss er doch aus Indien haben.

Auf welchem Wege der griechische Denker nach Indien gekommen, werden wir uns nicht anmassen zu bestimmen. Dass aber Handelsverbindungen zwischen Indien und dem Westen schon früh im Gang waren, ist bekannt. Ob er eine solche oder eine andersartige Gelegenheit, jenes ferne Land zu besuchen, benutzte, wird vielleicht für immer dunkel bleiben, ohne dass das Ergebniss unsrer Untersuchung dadurch irgend angefochten werden könnte.

Wir glauben an einem festen Punkte, der in immer helleres Licht trat, den Einfluss Indiens auf die griechische Philosophie und Mathematik in ihren Anfängen nachgewiesen zu haben. Hier eröffnen sich weite Perspectiven, und es dürfen Fragen aufgeworfen werden, — ja sie liegen nicht einmal so ferne —, an die man unter anderen Umständen schwer hätte denken dürfen. Oder liegt es nicht nahe, die Frage sich vorzulegen, ob nicht auch jene seltsame Lehre des Parmenides, dass die ganze Welt Täuschung sei, in Indien ihren Ursprung habe? Diese Lehre, welche in der griechischen Welt höchst fremdartig erscheint und schwerlich selbständig dort erwachsen sein dürfte, da sie griechischer Welt- und Lebensanschauung so völlig fern liegt, bildet bekanntlich den Kern der orthodox-brahmanischen Vedânta-Philosophie, deren erste Dokumente, die ältesten Upanishaden, jedenfalls vorbuddhistisch sind. Wäre es denn nicht auch geboten, der Frage nach dem Alter der indischen Atomistik eindringlicher nachzuspüren, um sich darüber zu vergewissern, ob ein Einfluss derselben auf die griechische Atomistik, die Lehre eines Demokrit, möglich und wahrscheinlich sein dürfte?

Doch das sind Fragen, lediglich Fragen, und sie dürfen für jetzt noch nicht mehr sein.

Mehr als eine Wissenschaft wird mit zu sprechen und zu urtheilen haben, wenn es gilt, jene alten Zusammenhänge indischer und griechischer Cultur aufzuhellen. Indologie und Aegyptologie, Geschichte der Philosophie und Geschichte der ältesten Verkehrsverbindungen der in Frage kommenden Völker, — sie und noch andre haben ein Recht, ihre Stimme im Rath zu erheben, ein Pro oder Contra in die Urne zu werfen.

Wir aber wollen hier nicht weiter gehen; wir bescheiden uns mit der Klarstellung der einen Frage nach dem Ursprung der pythagoreischen Weisheit, und massen uns nicht an, schon jetzt darüber hinaus zu greifen.

Das schöpferische Genie des Pythagoras tritt durch unsere Darlegungen freilich in ein etwas bescheideneres Licht, als bisher, aber sein Verdienst bleibt nichtsdestoweniger ein hervorragend grosses, und, was die Hauptsache ist, die ganze Erscheinung in ihrer seltsamen Eigenart und ihrer hohen geistigen und sittlichen Bedeutung wird uns verständlicher, viel verständlicher, als dies früher der Fall gewesen.

Pythagoras erscheint als ein ernster, strebender Mann, der den mächtigen Wissensdrang, von dem er beseelt war, in der Heimath nicht befriedigen konnte, und darum zu fernen Völkern pilgerte, von deren Weisheit er gehört haben mochte. In den Orient, zu den Indern führt ihn sein Weg, und hier findet er, was er suchte. Mit bewundernswerthem Eifer vertieft er sich in das Studium der brahmanischen Weisheit und Wissenschaft, lernt ihre Welt- und Lebensanschauung nicht nur kennen, sondern, erfasst von dem Ernst und der Tiefe dieser Gedanken, lebt er sich ganz hinein und eignet sie sich zu einem grossen Theile an. Eine Neigung zum Seltsamen und Phantastischen mochte in seiner Natur dem entgegenkommen und den Reiz und die Anziehungskraft, den das geistig Bedeutende darin auf ihn ausübte, um ein Wesentliches erhöht haben. Fesselten die philosophischen und mathematischen Speculationen seine Phantasie und sein Denken, zo zeigte ihm das ernste Streben nach Befreiung aus den Fesseln der Seelenwanderung, das er rings um sich die Gemüther der Besten beschäftigen sah, das sie veranlasste, sich in mönchsartigen Orden um hervorragende Weise zu schaaren, den Weg, den er in sittlicher Beziehung zu gehen hatte. Reich mit der indischen Weisheit beladen, tief und gründlich in ihre Gedankengänge eingeweiht. mächtig erfasst von der ganzen Eigenart, der hohen Bedeutung jener fernen, fremden Culturwelt, kehrte er heim in die griechisch-italische Welt und verpflanzte hierher Bildungskeime, deren weittragende Bedeutung für die griechische Cultur und damit für die gesammte Cultur des Westens erst viel spätere Jahrhunderte voll und ganz zu würdigen vermochten.

Jene fremden Gedanken und Anschauungen in sich tragend und weiterbildend, fühlte er das Bedürfniss, einen Kreis von Jüngern um sich zu versammeln, denen er mittheilen. durch die er fortpflanzen konnte, was ihn erfüllte und bewegte. So stiftete er einen Orden, nach dem Vorbild jener religiös-wissenschaftlichen Congregationen, die er im Osten gesehen, zugleich aber im Anschluss an dorische Institutionen, die in dem heimathlichen Boden Wurzel hatten. Hier lehrte er seine Weisheit, seine Philosophie und Mathematik und hielt die Jünger zu ernstem, würdigem Leben an, immer hinweisend auf das hohe Ziel, die Befreiung aus dem Kerker der Körperwelt, aus den Banden der Seelenwanderung. War es die Tiefe, das Wundersame, das Bedeutende dieser Gedanken, war es die machtvolle Persönlichkeit des Meisters, — jedenfalls krönte bedeutender Erfolg sein Streben; begeisterte, bewundernde Anhänger sammelten sich um ihn; und wenn auch brutale Gewalt nach einer Reihe von Jahren den äusseren Bestand, die sociale Bedeutung des Ordens zerstörte, er lebte doch geistig fort und behielt seine Wirkung durch die Jahrhunderte. Gläubig verehrte man die Worte des Meisters; *αὐτὸς ἔφα* hiess hier das Evangelium, die Wahrheit, welche jeden Zweifel niederschlug; bis endlich immer mehr gesteigerte Verehrung den wunderbaren Mann zum Gott erhob, und die Legende so viel des Wunderbaren, Uebernatürlichen und Unglaublichen um seine Person und in seine Thaten verwebte, dass spätere Zeiten nur mit Mühe durch den dichten Schleier mythischer Schöpfung die Gestalt und die Züge des Mannes annähernd zu erkennen vermögen.

Das gewichtige Urtheil des Heraklit hebt an Pythagoras nicht etwa seine geistige Bedeutung oder gar schöpferisches Genie hervor, die er ihm vielmehr geradezu abspricht; sondern in Uebereinstimmung mit dem Resultat unserer Untersuchung seinen mächtigen Wissensdurst, in dem er alle Zeitgenossen übertroffen habe, seine *ἱστορίη* und *πολυμαθήτη*, die Lust zu fragen, nachzuforschen, die Weisheit Anderer zu erkunden und einen reichen Schatz des Wissens einzusammeln. Mit spöttischem Seitenblick auf die verschrobene Weisheit und nicht ohne Geringschätzung erwähnt der grosse Philosoph jener Eigenschaften. Uns aber, die wir die hohe Bedeutung jener *ἱστορίη* und *πολυμαθήτη* des Pythagoras für die gesammte Culturentwicklung zu erkennen vermögen, erscheinen sie als Bezeichnungen der höchsten, ehrenvollsten Art; denn eben diese Eigenschaften des Pythagoras sind es gewesen, die, gestützt und getragen durch den tiefen sittlichen Ernst des Mannes, zum ersten Mal in den Occident etwas davon brachten, was spätere Zeiten oft fabelnd erwähnten, — etwas „von der uralten Weisheit der Inder.“